HUMBOL

FORUM

HUMBOLDT FORUM

MIT FOTOGRAFIEN
VON LEO SEIDEL

DAS REKONSTRUIERTE BERLINER SCHLOSS

FASSADE, ARCHITEKTUR UND SKULPTUR

HUMBOLDT FORUM

HIRMER

VORWORT

Nach einer etwa elfjährigen Planungs- und Bauzeit präsentiert sich ein neues, das Berliner Stadtbild prägendes Gebäude: das Humboldt Forum im Berliner Schloss. Das Gebäude ist mit 100.000 Quadratmetern Bruttogeschossfläche nicht nur groß. Es ist in seiner hybriden Erscheinung einzigartig. Auf einer Länge von circa 750 Metern wurden die barocken Fassaden des ehemaligen Schlosses rekonstruiert. Ein Meisterwerk nicht allein seines historischen Schöpfers Andreas Schlüter, sondern auch der Bau- und Kunstschaffenden unserer Zeit. Schließlich galt es nicht nur, die barocke Schönheit zurück ins Stadtbild zu holen, sondern auch wichtige moderne Anforderungen zu erfüllen wie Sicherheit, Energieeffizienz, Schallschutz – um nur einige zu nennen.

Hinter den barocken Fassaden, aber auch an der Ostfassade und an den Längsseiten der Passage zeigt sich eine moderne Architektur, die in der Geometrie und Struktur die Denkart des Barocks rational und schnörkellos mit hochwertigen Materialien fortführt. So wird einerseits der Barock in Szene gesetzt und ihm zeitgemäß entsprochen, andererseits werden im Inneren großzügige und funktionale Räume geschaffen.

Die wiedergewonnene barocke Fassade war Gegenstand einer emotionalen Debatte, die nicht nur in Architekturkreisen geführt wurde, sondern vor allem auch in Gesellschaft und Politik. Es ist nicht alltäglich, dass sich der Deutsche Bundestag mit der Architektur und Funktion eines Gebäudes befasst. Er beschloss 2002 mit großer Mehrheit die Errichtung des Humboldt Forums in der Kubatur und mit drei der historisch rekonstruierten Fassaden des Berliner Schlosses. Zentrale Argumente für die Entscheidung waren die hohe architektonische Qualität der zerstörten barocken Schlossfassaden und die Möglichkeit, der historischen Stadtmitte zwischen Museumsinsel und Brandenburger Tor einen architektonischen Bezugspunkt zu geben.

Geschichte ist damit nicht nur im Stadtraum neu lesbar geworden. Wo es möglich war und sinnvoll erschien, wurden erhalten gebliebene originale Fragmente des historischen Baus in die rekonstruierte Fassade eingepasst. Das ist am Außenportal 5 besonders gut erkennbar. Die dort eingelassenen Hermenpilaster sind aus der Zeit Schlüters. Sie zeugen von großer Kunstfertigkeit und ausgeprägtem ästhetischen Sinn und in ihrer Versehrtheit zugleich von blinder Zerstörungswut. Die wiedergewonnenen Fassaden sind damit auch ein Aufruf, die bewegte und von Brüchen geprägte Geschichte des Ortes zu erzählen und kritisch zu befragen.

Das Humboldt Forum soll ein Ort der Debatte und Auseinandersetzung sein. Das gilt auch für die Architekturkritik. Die Debatte ist seit dem Wettbewerb in vollem Gange. Sie lädt dazu ein, sich mit dem Gebäude und seiner Formgebung auseinanderzusetzen, aus der Geschichte zu lernen, die große Kunst vergangener Baumeister zu entdecken und neue Wege einzuschlagen.

Die Arbeit des Architekten Franco Stella ist in mehrfacher Hinsicht zu würdigen. Er hat es nicht nur geschafft, eine qualitativ hochwertige und originalgetreue Fassadenrekonstruktion zu realisieren, sondern er hat mit diesen Fassaden neue Stadträume kreiert. Das wird insbesondere an der Passage und dem Schlüterhof deutlich. Letzterer wirkt geradezu wie eine italienische Piazza. Die bildhauerische Qualität der Skulpturen kommt an solchen Plätzen besonders gut zum Tragen. Sie lädt zum Verweilen und Flanieren ein. Die Passage wirkt mit ihren zu beiden Seiten offenen Portalen wie ein Stadttor, das sich zur Museumsinsel hin öffnet.

All dies ist gelungen nicht nur aufgrund der guten Arbeit der Planenden und Ausführenden, sondern auch durch das bürgerschaftliche Engagement vieler Tausend Spenderinnen und Spender, das höchsten Respekt und Dank verdient. Sie haben mit der größten Spendenaktion für ein Gebäude in Deutschland seine historische Rekonstruktion erst möglich gemacht. Alle baulichen Maßnahmen zur historischen Rekonstruktion wurden vollständig über Spenden realisiert.

Dieses Buch mit den beeindruckenden Fotos von Leo Seidel nimmt uns mit in die Entstehungsgeschichte der Fassadenrekonstruktion des Berliner Schlosses und erklärt die Baugeschichte sowie den Aufbau und die baukünstlerische Gestaltung der Fassaden des Humboldt Forums. Ich bedanke mich beim Hirmer Verlag für die Idee und Konzeption des Buches und bei Bernhard Wolter, der das Werk maßgeblich begleitet hat. Möge es eine interessierte Leserschaft begeistern und zum oftmaligen Besuch des Humboldt Forums im Berliner Schloss einladen.

Hans-Dieter Hegner
Vorstand Technik der Stiftung Humboldt Forum
im Berliner Schloss

← Eine weibliche Gewandfigur und Merkur am Portal 6 im Schlüterhof

EINLEITUNG

Zu Beginn des 18. Jahrhunderts galt das von Andreas Schlüter entworfene preußische Königsschloss in Berlin als einer der bedeutendsten barocken Profanbauten nördlich der Alpen. Die Rekonstruktion seiner historischen Fassaden für das Humboldt Forum stellt eine baukünstlerische Meisterleistung dar. Dieses Buch erläutert die architektonischen, bau- und kunstgeschichtlichen, ikonografischen und bildhauerisch-handwerklichen Grundlagen zu diesem Vorhaben.

Peter Stephan eröffnet mit einer Darstellung der historischen Situation: Er gibt einen Einblick in die baugeschichtliche Entwicklung des Entwurfs von Andreas Schlüter und seiner Nachfolger und erklärt den architektonischen Aufbau sowie die baukünstlerische Gestaltung dieses Meisterwerks des europäischen Barocks. Nachvollziehbar wird hier die spezifische Architektursprache von Schlüter, der sich wie alle barocken Baumeister an den klassischen Vorbildern in Italien orientierte, sie aber gleichwohl durch eigene Kompositionsideen und Stilelemente weiterführte und bereicherte. Dabei werden auch die Unregelmäßigkeiten und Asymmetrien aufgeklärt, die die barocken Fassaden gegenüber neobarocken aus dem 19. Jahrhundert so viel lebendiger erscheinen lassen. Bernd Wolfgang Lindemann richtet seinen Blick auf die Ikonografie, die Bildsprache des figürlichen Fassadenschmucks am Berliner Schloss. Er kann überzeugend darlegen, inwiefern hier das barocke Bildprogramm nicht allein mit dem Repräsentationsbedürfnis des jungen Königtums und seinen inhaltlichen, sozusagen ethischen Herrschermaximen korrespondierte. Insbesondere das Skulpturenensemble auf dem blickbestimmenden Hauptrisalit im Schlüterhof (Portal 6) veranlasst ihn zu einer interessanten neuen Interpretation der fürstlichen Absicht hinter der Auswahl der hier ausgestellten antiken Statuen. Architekt Franco Stella aus Vicenza, der Stadt des Renaissance-Baumeisters Palladio, und Peter Westermann führen uns in die konzeptionellen »stadtbaulichen« Gedanken für die Wiedererrichtung des riesigen Gebäudes ein. Dazu gehört vor allem die Folge von öffentlichen und halböffentlichen Plätzen im Inneren des Schlosses. Zusätzlich zu der im Wettbewerb vorgegebenen Aufgabe, den Schlüterhof neu entstehen zu lassen, hatte Stella als einziger Teilnehmer die Idee, mit der offenen Passage zwischen den Portalen 4 am Lustgarten und 2 am Schlossplatz eine Fußgängerstraße quer durch das Gebäude zu legen. So bindet er es geschickt ein in die Struktur der Stadt und schafft zugleich im Inneren neue öffentliche Stadtplätze, die somit schon baulich die Idee des Forums lebendig werden lassen. Bei seinen zeitgenössischen Fassaden wahrt er dagegen gestalterische Zurückhaltung gegenüber dem reichen barocken Bau- und Skulpturenschmuck der historischen Fassaden. Kathrin Lange schließlich beschreibt mit Bertold Just die handwerkliche und künstlerische Leistung aller Natursteingewerke, also der Sandsteinrestaurierung, der Bildhauerarbeiten, der Gipsformerei sowie der Steinmetzarbeiten, im Umgang mit dem Material aus dem Elbsandsteingebirge. So wurden die wenigen originalen Skulpturenelemente wenn möglich wieder an ihrer ursprünglichen Stelle in der Fassade eingebaut oder, wie die wertvollen Kolossalfiguren des Mittelrisalits im Schlüterhof (Portal 6), restauriert und im Inneren witterungsgeschützt ausgestellt, um im Außenraum durch Kopien ersetzt zu werden. Der Beitrag zeichnet den gesamten Entstehungsprozess exemplarischer Steinbildwerke nach vom Abbruch im Steinbruch über die Fertigung von kleinen und 1:1-Modellen aus Ton, deren Abguss in Gips bis zum Hauen der Skulptur aus dem Sandsteinblock. Insgesamt schmücken circa 3.000 figürliche Bildhauerarbeiten die rekonstruierten Schlossfassaden, für die allein mehr als 300 verschiedene Modelle anzufertigen waren.

Mit seinen etwa 750 laufenden Metern neu-alter Barockfassaden ist das wiederentstandene Berliner Schloss eines der größten Rekonstruktionsvorhaben der Bundesrepublik. Leo Seidel führt das alles mit seinen Fotografien und einem ganz eigenen Blick für das Detail wie für den Zusammenklang der Fassaden eindrucksvoll vor Augen. Dieses Buch unterstreicht überzeugend die Ernsthaftigkeit und die Originaltreue, mit der der Architekt und sein Team, die Steinbildhauer*innen und alle anderen Beteiligten diesen Neubau eines alten Schlosses zu einem architektonischen und künstlerischen Großprojekt haben werden lassen, das in gelungener Weise die Brücke zwischen Vergangenheit und Gegenwart schlägt.

Bernhard Wolter
Leiter der Stabsstelle Presse und Öffentlichkeitsarbeit der Stiftung Humboldt Forum im Berliner Schloss bis 2021

← Detail der Herme des Winters an Portal 4 der Lustgartenfassade

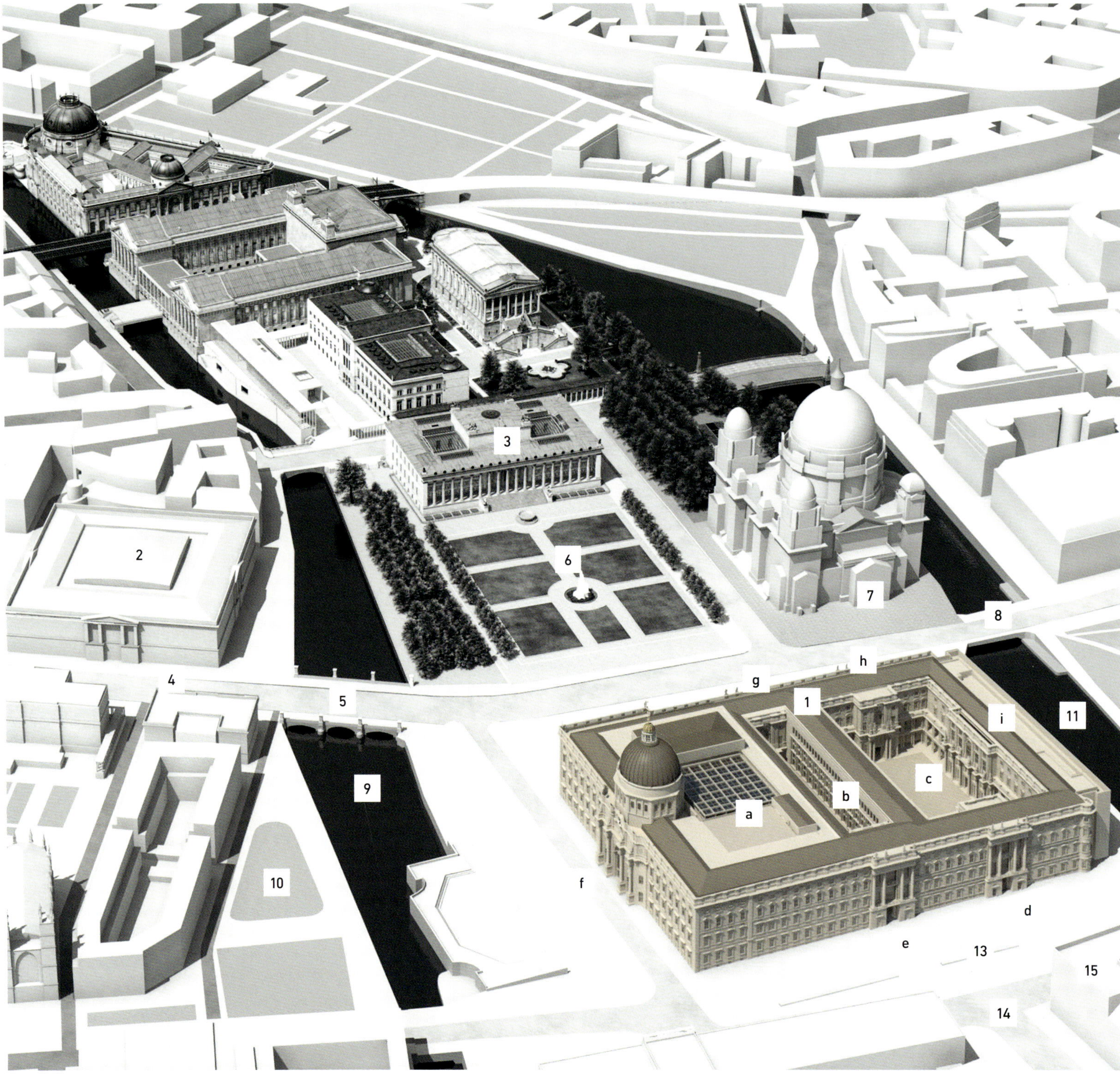
1
2
3
4
5
6
7
8
9
10
11
13
14
15
a
b
c
d
e
f
g
h
i

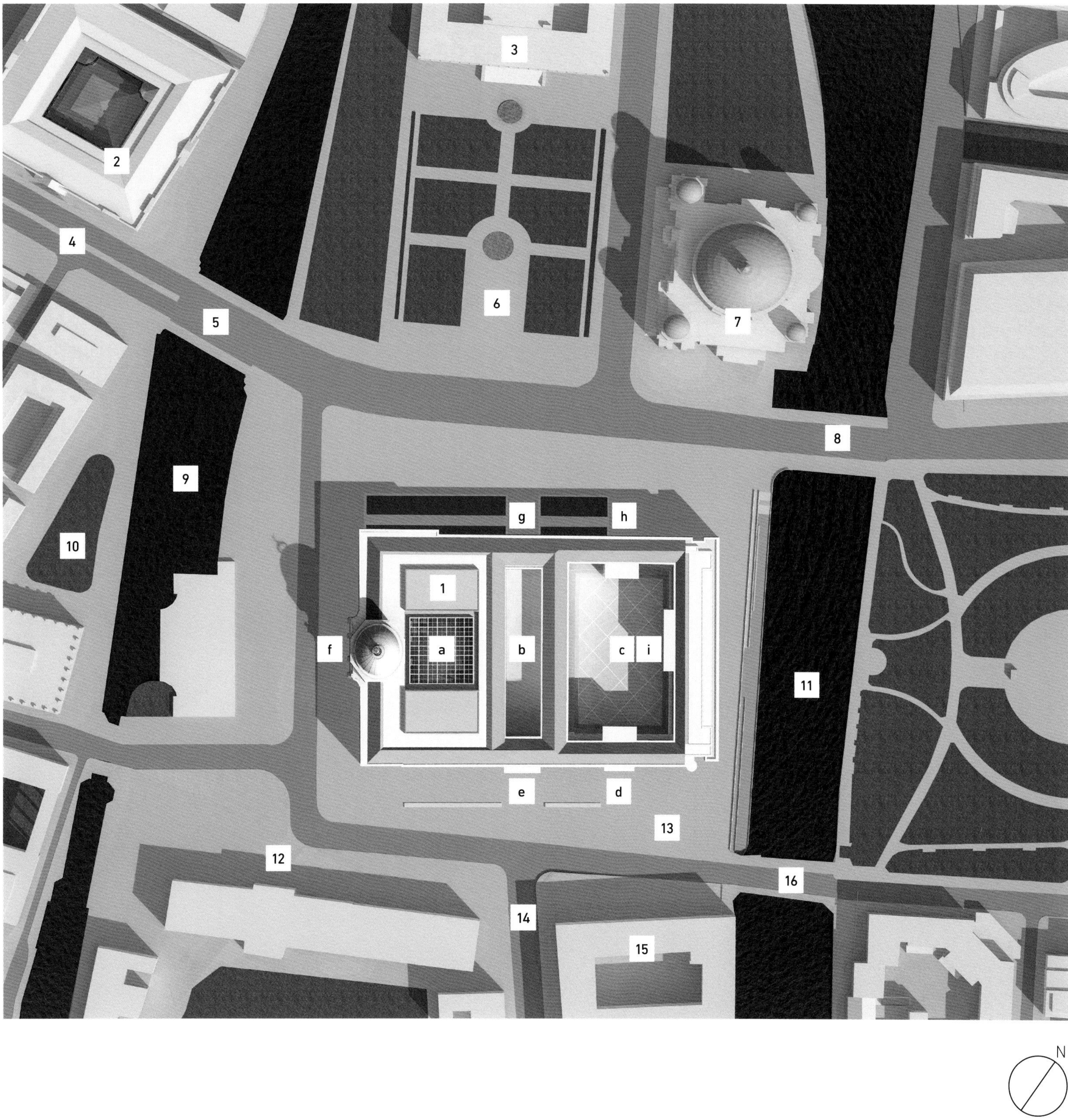

1 Schloss
a Foyer
b Passage
c Schlüterhof (kleiner Schlosshof)
d Portal 1
e Portal 2
f Portal 3 (Eosanderportal)
g Portal 4
h Portal 5
i Portal 6

2 Deutsches Historisches Museum (Zeughaus)
3 Altes Museum
4 Unter den Linden
5 Schlossbrücke
6 Lustgarten
7 Berliner Dom
8 Liebknechtbrücke
9 Spreekanal
10 Schinkelplatz

11 Spree
12 Original des Schlossportals 4 im ehemaligen Staatsratsgebäude der DDR
13 Schlossplatz
14 Breite Straße
15 Hochschule für Musik (Marstall)
16 Rathausbrücke

IN DEN SÄCHSISCHEN STEINBRÜCHEN

Der Naturstein des figürlichen wie des architektonischen Bauschmucks für die Rekonstruktion der barocken Fassaden des Berliner Schlosses stammt aus mehreren Steinbrüchen des Elbsandsteingebirges in Sachsen, die schon das Material für das historische Schloss geliefert hatten. Abgebildet ist der Steinbruch Reinhardtsdorf der Sächsischen Sandsteinwerke in Pirna. Insgesamt werden in diesem Gebiet verschiedene Qualitäten von Sandsteinen gebrochen: Der frostbeständige »Cottaer Sandstein« ist gut von Hand zu bearbeiten und erlaubt die Herausbildung auch fein gegliederter Bildhauerwerke. Er patiniert silbergrau und nimmt Wasser schwer auf, ist aber empfindlich gegenüber stauender Nässe. »Postaer Sandstein« ist wegen seiner höheren Festigkeit schwerer manuell zu bearbeiten und daher für Bildhauerarbeiten weniger geeignet. Er kann aber gut für Architekturelemente eingesetzt werden. Der Postaer Sandstein patiniert schwarz, nimmt Wasser leicht auf, ist aber ebenfalls frostbeständig. »Reinhardtsdorfer« Sandstein bietet eine willkommene Mischung beider Qualitäten. Er ist gut auch manuell zu verarbeiten und gleichzeitig ausreichend witterungsbeständig.

Am Berliner Schloss wurde Postaer Sandstein für die Sockelbereiche und Cottaer nur für ausgesuchte Bildhauerelemente verwendet, die eher wenig bewittert oder für Innenräume bestimmt sind. Der überwiegende Teil der Fassadenschmuckelemente wurde aus Reinhardtsdorfer Sandstein hergestellt. Die Blöcke werden beim Postaer Sandstein aus sogenannten Bänken von bis zu fünf Metern Höhe mit präzisen Sprengungen herausgebrochen. Cottaer und Reinhardtsdorfer Sandstein bieten Bänke von nur circa zwei bis drei Metern Höhe. Aus diesen Quadern werden wiederum je nach Verwendungszweck kleinere Blöcke vor dem Transport abgespalten. Für die Kolossalfiguren am Schloss gestaltete sich wegen der Größe die Suche nach geeigneten Sandsteinblöcken teilweise recht mühsam. Früher wurden die Steinblöcke vornehmlich auf dem Wasserweg über die Elbe zum Beispiel nach Berlin verschifft. Heute werden sie auf der Straße transportiert.

1

2

3

4

5

6

8

7

1 + 2 Unter dem Abraum, der Humuserde, sind die Sandsteinbänke gut zu erkennen. Horizontal zwischen den Bänken verlaufen weichere Steinschichten.

3 Je nach Qualität der Steinablagerung ergeben sich höhere oder niedrigere Sandsteinbänke.

4 + 5 In die vorher mit schwerem, hydraulisch betriebenem Bohrgerät getriebenen Sprenglöcher werden Sprengschnüre eingefädelt.

6 – 8 Der Sprengmeister löst die Sprengung aus, die mit genau berechnetem Einsatz von Dynamit die Blöcke präzise aus der Wand bricht.

Blick auf die Westfassade mit dem Eosanderportal und die Südfassade mit Portal 2 (links) und Portal 1 (rechts)

Peter Stephan

INSZENIERTE ARCHITEKTUR

DIE BAROCKFASSADEN DES BERLINER SCHLOSSES

Wer zum ersten Mal auf die von Andreas Schlüter, Johann Friedrich Eosander von Göthe und Martin Heinrich Böhme geschaffenen Fassaden des Berliner Schlosses blickt, ist überrascht. Anders als bei den klassischen Barockresidenzen (etwa dem Charlottenburger Schloss) gibt es nicht eine, sondern drei Hauptschauseiten: die nach Süden weisende sogenannte Stadtfront mit den (im Uhrzeigersinn gezählten) Portalrisaliten 1 und 2, die zum Spreekanal zeigende Westseite mit dem Portalrisalit 3 und der im 19. Jahrhundert aufgesetzten Kuppel sowie die auf den Lustgarten ausgerichtete Nordseite mit den Portalrisaliten 4 und 5 (ein Lageplan ist auf den Seiten 28/29 abgedruckt). Letztere präsentiert sich schon von der Allee Unter den Linden aus, allerdings nicht in der sonst obligatorischen Frontalansicht, sondern im schrägen Winkel. Auch ist die Lustgartenseite trotz ihrer exponierten Lage – immerhin befindet sie sich an einem der prominentesten Plätze Berlins – deutlich schlichter als die beiden anderen Fassaden. Am gewöhnungsbedürftigsten sind freilich die Asymmetrien. Wie auch an der Südseite sind an der Nordseite die Abstände der Fensterachsen unregelmäßig; hier wie dort fehlt in den westlichen Abschnitten ein dritter Risalit. Im Schlüterhof, den man einst nur über seine Schmalseiten betreten konnte, ist der große Treppenhausrisalit, der die Kopfseite als wichtigster Baukörper dominiert, merklich nach links verschoben.

DER ANLASS FÜR DEN BAU DER BAROCKEN FASSADEN

Allerdings sind diese Unstimmigkeiten nicht Ausdruck planloser Willkür, sondern das Ergebnis einer höchst komplizierten Baugeschichte, die sich in wechselseitigem Verhältnis mit der

Südfassade, rechts dahinter der Berliner Dom →

Abraham Jansz. Begeyn, Das Berliner Schloss von der langen Brücke aus gesehen, um 1690

Johann Ulrich Kraus nach Constantin Friedrich Blesendorf, Ansicht von Andreas Schlüters Schlossmodell aus der Vogelperspektive von Süden, 1701

Stadtentwicklung vollzog. Um diese überblicken und die städtebauliche und künstlerische Bedeutung der Fassaden angemessen würdigen zu können, empfiehlt sich ein Rundgang, der auf der Rathausbrücke beginnt. Über diese Brücke, die damals den Hauptzugang zur Spreeinsel bildete und mit Schlüters Reiterstandbild des Großen Kurfürsten – es befindet sich heute am Schloss Charlottenburg – ausgezeichnet war, zog am 6. Mai 1701 der brandenburgische Kurfürst Friedrich III., nachdem er sich in Königsberg als Friedrich I. zum ersten König in Preußen gekrönt hatte, feierlich in sein Schloss ein. Ohne dieses Ereignis hätte es die Barockfassaden wohl nie gegeben.

Seit 1618 regierten die brandenburgischen Hohenzollern in Personalunion das Herzogtum Preußen, das in etwa das Gebiet der späteren Provinz Ostpreußen umfasste und zusammen mit dem zu Polen gehörenden Westpreußen aus dem Kerngebiet des im 15. Jahrhundert untergegangenen Deutschordensstaates hervorgegangen war. 1701, nach langen Verhandlungen, die Friedrich mit dem Kaiser des Heiligen Römischen Reiches, Leopold I., und anderen europäischen Mächten geführt hatte, war das östlich gelegene Herzogtum Preußen zum Königreich erhoben worden. Doch haftete der neuen Würde ein dreifacher Makel an. Der Kaiser hatte zur Bedingung gemacht, dass die Krönung in Königsberg und damit außerhalb des Heiligen Römischen Reiches stattfand. Und weil Friedrich lediglich über den östlichen Teil Preußens regierte, durfte er sich auch nicht König *von*, sondern bloß König *in* Preußen nennen, und auch dies nur innerhalb des von ihm regierten Territoriums. Und schließlich waren längst nicht alle europäischen Staaten bereit, die neue Königswürde anzuerkennen.

Umso mehr musste Friedrich daran gelegen sein, seinem Königtum auf andere Weise Geltung zu verschaffen, besonders

Pieter Schenck, Einzug Friedrichs I. in Berlin am 6. Mai 1701 nach der Krönung in Königsberg, 1701

im Kerngebiet seiner Herrschaft, der Mark Brandenburg, und damit auch auf dem Boden des Reiches. Nicht weniger galt es, die Königswürde vom Geruch der Anmaßung zu befreien. Zu diesem Zweck beschritt Friedrich einen ebenso wirkungsvollen wie unanfechtbaren Weg: Er verzichtete darauf, sich in Königsberg eine angemessene Residenz zu errichten, und ließ stattdessen sein brandenburgisches Kurfürstenschloss mit einer Fassadenarchitektur ummanteln, die in ihrer Monumentalität, ihrem majestätischen Stil und ihrer Ikonografie seinen königlichen Rang zum Ausdruck brachte.

Johann Rosenberg, Blick über die Schlossbrücke mit dem Reiterstandbild des Großen Kurfürsten auf die Stadtfront des Berliner Schlosses, 1781

Frontalansicht der Südfassade mit Portal 2 (links), Portal 1 (rechts) und Eckrondell

Dass Friedrich das Schloss nicht von Grund auf neu erbaute, sondern es »nur« ummantelte, hatte zum einen ökonomische Gründe: Ein völliger Neubau wäre zu kostspielig geworden. Zum anderen besaß der Akt der Ummantelung im Barockzeitalter einen hohen Symbolwert. In der Sakralarchitektur stand er für die *renovatio ecclesiae*, die geistige Erneuerung der Kirche. Zum Zeichen dafür umgab sich die Kirche mit einem festlichen Brautgewand, um der endzeitlichen Vermählung mit Christus entgegenzugehen. In der Profanbaukunst hingegen sollten politische Erneuerung, Machtzuwachs sowie sozialer oder kultureller Aufstieg bezeugt werden. Damit die Ummantelungen als solche erkennbar wurden, musste man jedoch eine zeitgeschichtlich zurückliegende Partie aussparen. Je älter dieselbe war, desto weiter reichte die historische Kontinuität zurück, auf die man sich zur Legitimation seiner Herrschaft berufen konnte. Und je schlichter die älteren Partien waren, desto größer erschien der durch die modernen Zutaten verkörperte Fortschritt. Davon abgesehen war die Berücksichtigung älterer Bausubstanz ein Ausdruck von Pietät, die man den Vorfahren und Vorgängern im Amt entgegenbrachte.

Aus diesem Grund ließ Friedrich die Ostseite, deren ältesten Teile aus dem 13. Jahrhundert stammten und an deren Stelle jetzt Franco Stellas Spreefassade steht, weitgehend unangetastet. Weit weniger rücksichtsvoll ging er mit den übrigen Partien des Schlosses um. Die Südseite wurde vollständig erneuert – obwohl sie anderthalb Jahrhunderte zuvor unter Kurfürst Joachim II. schon einmal zu einer repräsentativen Schaufront aufgewertet worden war. Deren Stil aber reichte für die Repräsentationsbedürfnisse eines Königs nicht mehr aus.

SCHLÜTERS UMWANDLUNG DES SCHLOSSES

Daher wandelte Andreas Schlüter die altmodischen Eckerker in elegante Rondelle um, deren rechtes heute wieder zu sehen ist (das linke fiel schon 1716 der Schlosserweiterung gen Westen zum Opfer). In die Mitte setzte Schlüter den Portalrisalit 1. Die unterschiedlichen Abstände der Fenster überspielte er durch paneelartige Eintiefungen in der Wand, die in der Breite variabel waren. Außerdem bestückte er den Fries unterhalb der Traufkante mit freiplastischen Adlerskulpturen, deren Fittiche er je nach Abstand unterschiedlich spreizen konnte. Die Unregelmäßigkeiten fallen so weniger auf.

Da der Portalrisalit 1 von Anfang an dazu bestimmt war, dem König bei seiner Rückkehr aus Königsberg als Entrée zu dienen (tatsächlich war dieser Fassadenabschnitt zur Krönung

Eckrondell am Übergang zur modernen Fassade auf der Spreeseite

rechtzeitig fertig geworden), orientierte Schlüter sich am Typus der barocken Ehrenpforte. Er funktionierte das gesamte Erdgeschoss in eine Sockelzone für vier Riesensäulen um, die bis zum Dach hinaufreichen, um sie dann mit einem wuchtigen Gebälk zu beladen. Auf diese Weise entstand eine die gesamte Gebäudehöhe einnehmende, in diesen Dimensionen fast einzigartige Portikus, die außerordentlich gravitätisch wirkt. Seit der römischen Antike wurden unter *gravitas* Eigenschaften wie Autorität, Glaubwürdigkeit, Unerschütterlichkeit und Charakterfestigkeit subsumiert. In der klassischen Architekturtheorie stand der gravitätische Stil für Würde und Erhabenheit. Darüber hinaus war die Säule an sich ein gängiges Sinnbild der Kraft und Beständigkeit. In Berlin erlangte sie eine zusätzliche Aussage dadurch, dass Schlüter die Kapitellecken mit preußischen (!) Adlern besetzte. So wurde der gesamte Risalit zum Sinnbild preußischer Tugendhaftigkeit und Stärke.

Erstaunlich ist, dass Schlüters Architektur ungeachtet der vielen Kompromisse, die er in baulicher Hinsicht eingehen musste, und trotz der vielen ikonografischen Vorgaben, die er zu berücksichtigen hatte, in keiner Weise erzwungen oder zusammengestückelt wirkt. Vielmehr ist alles harmonisch und in sich stimmig. Dies liegt vor allem an Schlüters einzigartiger Architektursprache. Wie kein anderer Baumeister des Barock-

Eckrondell, rechts der Turm der Marienkirche

Blick vom rechten Spreeufer auf Süd- und Ostfassade, links die Rathausbrücke →

Detail des Gebälks vom südlichen Hofportal 1

zeitalters fertigte er seine Entwürfe nach einem streng dialektischen Prinzip an, mit dem sich vermeintliche oder tatsächliche Brüche und Widersprüche in ein fruchtbares Spannungsverhältnis bringen ließen. An erster Stelle steht der Gegensatz zwischen der »Wandbauweise«, die sich durch zweidimensionale, meist horizontale Flächen auszeichnet, und der »Gliederbauweise«, die aus vollplastischen, frei und aufrecht stehenden Säulen oder Pfeilern besteht. Die Wand umschließt den Raum, um ihn von anderen Räumen zu trennen – die Säule hingegen gliedert ihn oder öffnet ihn gegenüber angrenzenden Räumen. Und während die Wand in der Regel statisch und starr ist, veranschaulicht die Säule auf geradezu organische Weise die Gesetzmäßigkeiten der Tektonik: Die Kurvatur ihres Schaftes wirkt unter der Last des Gebälks, das sie trägt, gleichsam gestaucht, die Basis erscheint am unteren Ende wie ein Polster, das den Druck abfängt. Im Gegenzug suggeriert die Verjüngung des Schafts, dass die Säule sich der Auflast entgegenstemmt. In beiden Eigenschaften offenbart sich eine federnde Elastizität. Auch gleicht die Säule eher einer freiplastischen Skulptur als einer aufgeschichteten Masse.

Auf der Grundlage dieses klassischen Wechselspiels führte Schlüter den Portalrisalit in Glieder- und die flankierenden Rücklagen in Wandbauweise aus. So hinterlegte er die schon beschriebenen Riesensäulen von Portal 1 mit Pfeilern, in deren Zwischenräume er ein Gerüst eingeschossiger Stützen stellte. Diese bestehen in der Mittelachse aus regulären Vollsäulen, die im Aufbau von unten nach oben der klassischen Abfolge von dorischer, ionischer und korinthischer Säulenordnung folgen. Gemäß der statischen Logik werden sie nach oben hin schrittweise kleiner, wobei die obersten ursprünglich noch einen Rundbogen trugen. Ein weiterer Unterschied besteht in der Art der Öffnungen. Bei den Fenstern in Portalrisalit 1 handelt es sich lediglich um die verglasten Abstände zwischen den Säulen und Pfeilern, wohingegen die Fenster in den seitlichen Rücklagen demonstrativ aus dem Wandkontinuum herausgeschnitten und mittels profilierter Rahmen sowie plastisch ausgearbeiteter Giebelverdachungen als eigenständige architektonische Einheiten inszeniert worden sind. Außerdem schaffen Bandquader, Gesimse, Brüstungen und Eintiefungen im Zusammenspiel mit dem applizierten Figurenschmuck eine reliefartige Textur, die zwar skulptural, aber eben nicht freiplastisch ist.

Den Kontrast zwischen der ornamental-reliefhaften Wandbauweise der Rücklagen und der tektonisch-körperhafter Gliederbauweise des Portalrisalits verstärkte Schlüter, indem er die Rücklagen ausschließlich in die Breite entfaltete, während er der Gliederbauweise nicht nur eine vertikale Erstreckung in die Höhe, sondern auch ein räumliches Ausgreifen in die Tiefe zugestand. Bei genauem Hinsehen zeigt sich nämlich, dass der Risalit aus drei Schichten zusammengefügt ist. Die vordere, zum Schlossplatz gelegene gehört dem Stadtraum an und ist folglich auf Fernsichtigkeit berechnet. Sie umfasst die gesamte Gebäudehöhe, bestehend aus den vier Riesensäulen, den als Sockeln dienenden seitlichen Teilen des Erdgeschosses und dem Gebälk. Die mittlere Schicht, die den eigentlichen Fassadenkern bildet, ist auf das erste und zweite Obergeschoss beschränkt. Sie setzt sich aus den die Riesensäulen hinterfangenden Pilastern und Lisenen zusammen. Die hintere Schicht schließlich zerfällt in drei Einzelgeschosse, deren Höhe durch die Innenräume bestimmt wird. Ursprünglich waren die in der Mittelachse stehenden drei Paare von Stockwerkssäulen sogar Ausläufer einer den ganzen Baukörper durchziehenden Innenarchitektur.

Eine Sonderstellung innerhalb der schlüterschen Fassadendialektik nimmt das Südost-Rondell ein. Indem Schlüter die Wand am Übergang von der Süd- zur Ostfassade wie eine formbare Masse um die Eckerker des bestehenden Joachimsbaus herumzog, nahm er dieser ihren statisch-steifen Charakter, machte sie dafür aber umso mehr als einen Mantel kenntlich. Am Mittelfenster des ersten Obergeschosses hat der Mantel eine Öffnung, durch welche die ionische Stockwerksordnung des Portalrisalits wieder zum Vorschein kommt.

← Detail der Südfassade

Portal 1 der Südfassade →

INCHOATA
ANNO.ORBIS.REPARATI.
CIƆIƆCXCIX.
AC.SVBST.IVSS.NOV.FACIEM.IDEM.BORVSS.REX.
DEO.AVSP.CORONAT.PERFECTAM.INVENIT.
NOVI.SECVLI.REGNI.
PRVSSICI.PRIMO.

Der Schlüterhof, Blick nach Nordosten, rechts Säulen des südlichen Hofportals 1

Blick in den nördlichen Treppenhausrisalit (Hofseite von Portal 5) des Schlüterhofs, 1945

Stirnwand des großen Treppenhauses (hinter Portal 6) mit Jupiter im Kampf gegen die Giganten, vor 1945

Noch deutlicher zeigt sich diese Durchdringung des Baukörpers durch Stockwerkssäulen, wenn man die Portaldurchfahrt 1 passiert und den Schlüterhof betritt. Die Durchfahrten waren von dorischen Kolonnaden durchzogen, die in absehbarer Zeit wieder ergänzt werden sollen. In der Mittelachse des Hofrisalits, der gewissermaßen die Rückseite von Portalrisalit 1 bildet, werden die dorischen Erdgeschosssäulen wieder zu einem Teil der Fassade, zusammen mit den korinthischen Säulen des zweiten Obergeschosses. Allerdings sind die Stockwerkssäulen nun in zwei kleinere übereinandergesetzte Kolossalordnungen eingebettet, die weniger pathetisch und machtvoll wirken als die Riesensäulen an Portal 1 und sich damit den geringeren Dimensionen des Hofraums anpassen. Nichtsdestoweniger zeichnen sie sich durch eine geradezu noble Klassizität aus.

Indes begnügte Schlüter sich nicht damit, die Gliederbauweise von Portalrisalit 1 an dessen Rückseite wiederkehren zu lassen, sondern er überführte sie in die Kolonnaden der flankierenden zweigeschossigen Galerien. Diese Galerien vermitteln wiederum zu den beiden darüberliegenden Geschossen, welche – rein wandhaft ausgeprägt – die eigentliche Begrenzung des Hofraums bilden.

An der Ostseite des Schlüterhofs stoßen die Galerien und die dahinterliegenden Wände, nachdem sie im rechten Winkel

Durchgang zum Schlüterhof durch Portal 5

← Schlüterhof mit der Hofseite von Portal 1

Portal 6 im Schlüterhof

umgeknickt sind, gegen den großen Hofrisalit (Portal 6), hinter dem sich früher die Haupttreppe befand. Da Schlüter aus Rücksicht auf die Disposition der Innenräume die Treppe dort errichten musste, wo sich bis dahin der Wendelstein aus dem 16. Jahrhundert befunden hatte, ist der Risalit nach links verschoben. Mehr als ausgeglichen wird diese Unregelmäßigkeit durch die Fassadengliederung, die in ihrer Eleganz und Klarheit ihresgleichen sucht. Noch stärker als Portalrisalit 1 und dessen hofseitiges Pendant ist der große Hofrisalit in eine filigran anmutende Architektur aufgelöst. Sie besteht abermals aus übereinander aufgebauten Kolossalordnungen, deren untere sich nun aber vollständig mit den Kolonnaden und Arkaden der Hofgalerien verschränkt.

Darüber hinaus führte Schlüter an diesem Risalit das Prinzip der Tiefenräumlichkeit zur Vollendung. Wieder arbeitete er mit drei Schichten. Die vordere besteht aus den sich über die beiden unteren Geschosse erstreckenden Freisäulen. Die mittlere Schicht ist aus schmalen Wandstreifen mit vorgeblendeten Pilastern gebildet. Letztere dienen einerseits als Hinterlegung der Kolossalsäulen, andererseits tragen sie die obere Pilasterordnung. Die Säulen wiederum werden von Statuen bekrönt, die zwischen beiden Schichten vermitteln, indem sie die vordere Säulenarchitektur nach oben auslaufen lassen und damit den Blick auf die dahinterliegenden Pilaster freigeben.

Die dritte Schicht ist wieder aus den jeweiligen Stockwerksgliederungen gewonnen, die sich ursprünglich noch offensichtlicher in die Tiefe des Baukörpers erstreckten als am Portalrisalit 1. Denn wahrscheinlich war der große Hofrisalit anfangs – wie viele Treppenhausarchitekturen des Barocks – nicht verglast. So konnte man schon von außen gut erkennen, dass Schlüter im Treppenhaus und dem darüber gelegenen Raum die dorische, ionische und korinthische Stockwerksordnung wiederholte. Auch zeigte sich, dass in den beiden unteren Geschossen die Gliederung der Hofgalerien nicht zufällig wiederkehrte, liefen die Galerien doch hinter dem Fassadenspiegel in Gestalt einer Empore weiter.

Allerdings sollte die offene Fassade nicht nur Einblick in die Innenarchitektur gewähren. Die Außenstehenden konnten auch das Hofzeremoniell verfolgen, dessen wichtigster Schauplatz die Treppe war. Schlüter hatte den Risalit zu einem Proszenium gemacht, durch das man in das Treppenhaus wie in eine Guckkastenbühne blickte. Aber auch das Hofleben selbst trug theatralische Züge, weshalb die zeitgenössischen Quellen vom »Staatstheater« sprachen. Die Skulpturen über den Freisäulen glichen in diesem Zusammenhang Schauspielern, die auf die Vorbühne getreten waren, um den Kontakt mit dem Betrachter zu suchen. Im Rahmen einer solchen Inszenierung wurden die Arkaden der Hofgalerien zu Logen unter freiem Himmel – ein Eindruck, der sich auch heute noch einstellt, wenn der Schlüterhof für Freilichtaufführungen genutzt wird.

Verlassen wir den Schlüterhof und schreiten durch den nördlichen Hofrisalit, der seinem südlichen Gegenüber exakt entspricht, in den Lustgarten. Nun stehen wir vor Portalrisalit 5, auf den die Allee Unter den Linden in axialer Verlängerung

Blick zur Nordfassade über den Lustgarten, im Vordergrund die Granitschale mit Winterabdeckung vor dem Alten Museum →

Detail der Lustgartenfassade mit Atlantenhermen von Portal 5 (links) und Portal 4 (rechts)

schräg zuläuft und der sich durch eine besondere Eleganz auszeichnet. Da barocke Gartenfassaden nicht denselben repräsentativen Anforderungen genügen mussten wie Stadt- oder Ehrenhoffronten, verzichtete Schlüter auf kolossale Säulen. Stattdessen fügte er die Makrostruktur aus Kolossalpilastern und Pfeilern zusammen. In der Mittelachse übernahm er die Stockwerksarchitekturen von Portal 1 – einschließlich der Arkade, die dort zum damaligen Zeitpunkt noch vorhanden war.

Und wieder ist der Risalit aus drei Schichten zusammengefügt. Zur ersten gehören die vorderen Pfeiler und Kolossalpilaster, die über der korinthischen Fensterarkade schwebende Geniengruppe, ferner zwei Atlantenhermen, die einen Balkon tragen, sowie ein unterhalb der Balkonplatte fliegendes Adlerpaar, das vermutlich die Wappenvögel Brandenburgs und Preußens darstellt und einen von der preußischen Königskrone überfangenen Schild mit den Initialen F(ridericus) R(ex) präsentiert. Der zweiten Schicht sind die Fenster der Seitenachsen sowie der Überfangbogen der korinthischen Arkade zuzurechnen. Die hintere Schicht besteht selbstverständlich wieder aus den Stockwerksordnungen der Mittelachse – einschließlich des inneren Arkadenbogens. Und abermals erweisen sich die Stockwerksordnungen als Ausläufer inwendiger Säulenstellungen.

Doch trotz dieser Übereinstimmungen gibt es Elemente, die nicht stringent erscheinen. Der Aufbau der Stockwerksord-

Östlicher Teil der Lustgartenfassade mit Portal 5 und Blick zum Fernsehturm auf dem Alexanderplatz

nungen ist durch den Balkon unterbrochen, die Funktion des Tragens hat sich zumindest in Teilen von den Säulen auf die Atlanten als figürliche Elemente verlagert. Tatsächlich handelt es sich bei Balkon und Atlanten um spätere Zutaten aus der Werkstatt Balthasar Permosers, des Bildhauers des Dresdner Zwingers.

Weit mehr als an Portalrisalit 1 und an den Hofrisaliten folgt der Figurenschmuck dem Prinzip einer zunehmenden Verlebendigung und Verkörperlichung. Damit verhält er sich analog zu der sich schrittweise verräumlichenden und verkörperlichenden Architektur von Portal 5. Handelt es sich bei den Löwenköpfen am Traufgesims noch um ein rein architektonisches Motiv (am griechischen Tempel dienten sie als Wasserspeier), so sind die allegorischen Liegefiguren der Stärke und der Gerechtigkeit in den Giebeln der seitlichen Erdgeschossfenster schon vollfigürlich. In den Atlantenhermen wächst dort, wo die Hermenpilaster in vollplastische Männergestalten übergehen, der Figurenschmuck dann buchstäblich aus der Architektur heraus, doch ist er noch in das tektonische Gefüge eingebunden, ebenso wie das Adlerpaar, das sich weder von dem ionischen Stockwerksarchitrav noch von der Balkonplatte wirklich lösen kann. Die Balustradenfiguren (sie fehlen bislang noch, sollen aber zu einem späteren Zeitpunkt ergänzt werden) stehen schon völlig losgelöst, sind als Bekrönungen der Pilaster

BERLIN'S
NEWEST

Genien mit preußischem Wappen an Portal 4 und Blick zur Kuppel

aber immer noch in das architektonische Gliederungssystem eingebunden. Autonom sind einzig die Genien. Sie erwecken den Eindruck, als seien sie von anderswo herbeigeflogen, um das preußische Königswappen über der Arkade aufzuhängen.

Darüber hinaus nutzte Schlüter die Verräumlichung ikonografisch. Auf einem 1702 von Friedrich Wilhelm Weidemann geschaffenen Porträt trägt Friedrich I. über einer Ritterrüstung den Krönungsmantel mitsamt der Kette des Schwarzen-Adler-Ordens. Das Königreich Preußen, so die Botschaft, ist aus dem Deutschen Ritterorden hervorgegangen. Diese Botschaft vermittelte auch die Lustgartenfassade mit Portalrisalit 5, die im Hintergrund des Gemäldes erscheint. Hinter Portalrisalit 5 lag ursprünglich der Rittersaal. Er wurde von der Fassade ähnlich umschlossen wie auf Weidemanns Gemälde die Ritterrüstung vom königlichen Ornat. Dass diese Analogie gewollt war, zeigte die Ausstattung des Saals. Im Deckenbild brachte Minerva den Mantel des Königs vom Himmel auf die Erde herab, wobei der Stoff fließend von der zweidimensionalen Malerei über ein Stuckrelief in die vollplastische Architektur der Fensterarkade überging. Diese wurde exakt nach außen gespiegelt. Der Mantel ging also gleichsam in der Fassade auf. Zugleich paraphrasierte der auf den Außenwänden angebrachte Adlerfries die Ordenskette. Letztlich verband Schlüter Fassade und Innenraumdekoration nicht nur zu einem Gesamtkunstwerk, sondern er verlieh der Architektur auch die Symbolkraft eines Bildes.

Friedrich Wilhelm Weidemann, Porträt König Friedrichs I., 1702

← Portal 5 der Lustgartenfassade mit Hermenpilastern, Genien und preußischem Königswappen

Die vier Atlantenhermen an den Portalen 5 (links) und 4 (rechts) mit den Attributen der vier Jahreszeiten:

Frühling

Sommer

Herbst Winter

Lustgartenfassade mit Portal 5 von Schlüter, Portal 4 von Eosander und oben rechts Eckkartusche

DIE ERWEITERUNG DES SCHLOSSES DURCH EOSANDER UND BÖHME

Trotz seiner genialen Begabung wurde Schlüter 1706 von der Planung und Bauleitung des Schlosses entbunden, nachdem der von ihm auf etwa hundert Meter aufgestockte mittelalterliche Münzturm wegen akuter Einsturzgefahr wieder abgetragen worden war. Seine Nachfolge trat Johann Friedrich Eosander von Göthe an, den der König nun beauftragte, das Schloss nach Westen auf mehr als das Doppelte zu erweitern und dabei einen zweiten Innenhof (den sogenannten Eosanderhof, heute Foyer) anzulegen. Möglicherweise wollte der König durch die Erweiterung den Verlust des Münzturms, der eine besonders prächtige Landmarke hätte werden sollen, kompensieren. Mit Sicherheit aber reagierte er auf die Entwicklung, die das urbane Umfeld zwischenzeitlich genommen hatte.

Als Schlüter 1698 mit dem Umbau des Schlosses begonnen hatte, war der Lustgarten nur das entlegene nördliche Ende der Spreeinsel gewesen. Diese Randständigkeit verlor er, als Friedrich den Ausbau der von seinem Vater entlang der Allee Unter den Linden errichteten Dorotheenstadt vorantrieb und unmittelbar daneben die Friedrichstadt gründete. Mit der Erweiterung des Schlosses wollte der König die Distanz zwischen seiner Residenz und den beiden Vorstädten sowie dem am gegenüberliegenden Ufer des Spreekanals gelegenen Friedrichswerder verringern.

1708 begann Eosander an der Lustgartenseite mit den Arbeiten. Sechs Fensterachsen neben Schlüters Portalrisalit 5

errichtete er einen weiteren Risalit (Portal 4), wobei er das Gliederungssystem seines Vorgängers weitgehend übernahm. Allerdings ergänzte er es um einen von Atlantenhermen getragenen Balkon. Um der Symmetrie willen ließ er dieses Motiv im Nachhinein, wie schon erwähnt durch Permoser, auch noch dem Portalrisalit 5 hinzufügen. Der Gliederbaucharakter der Architektur wurde durch diesen Eingriff nicht unerheblich geschwächt zugunsten einer eher dekorativ empfundenen Architektursprache.

Zugleich gab Eosander dem neuen Risalit eine breitere Mittelachse, sodass der Rundbogen der korinthischen Arkade gedehnt wurde. Im Bereich der Portaldurchfahrt dürfte die Verbreiterung der besseren Erschließung des neuen Schlosshofs gedient haben. Es kann aber auch sein, dass Portalrisalit 4 zunächst als der mittlere von insgesamt drei Risaliten gedacht war und in dieser Eigenschaft einen stärkeren Akzent setzen sollte. Allerdings konnte Eosander das Schloss nicht in dem Maße erweitern, dass der Platz für einen dritten Risalit samt angrenzender Rücklage ausgereicht hätte. So wurde die Lustgartenfassade zu einem asymmetrischen Torso.

Um von diesem Missstand abzulenken, wertete Eosander die zum Spreekanal weisende Westfassade zur neuen Hauptschauseite auf: Er gestaltete den dortigen Portalrisalit 3 als einen überdimensionierten Triumphbogen, der in seiner Monumentalität selbst Portalrisalit 1 übertrifft. Um die Wirkung dieses Zitats weiter zu steigern, reduzierte Eosander die Gliederung der Fassaden zu beiden Seiten. Der Adlerfries und die paneelartigen Eintiefungen in den Wänden entfielen, die

Säulenstellung des Eosanderportals (Portal 3)

Fassadenstruktur der Lustgartenfassade mit Rhythmisierung durch Fensterachsen →

Oben: Westfassade mit dem Eosanderportal, vom gegenüberliegenden Schinkelplatz aus gesehen
Unten: Blick von der Schlossbrücke auf Nordwestecke und Kuppel

Oberer Abschluss des Eosanderportals mit Kuppel, Kolossalfiguren sowie Reliefs mit Triumph- und Kriegssymbolen

Fensterrahmen erhielten schlankere Profile, in denen jeder Figurenschmuck fehlt. An die Stelle von Schlüters subtiler Dialektik trat ein eher plakativer, aber doch imposanter Herrschaftsgestus. Ungeachtet der Häuserzeile auf der zum Spreekanal hin gelegenen Schlossfreiheit, die bis zu ihrem Abriss im Jahre 1894 Portalrisalit 3 teilweise verdeckte, setzte der Triumphbogen einen starken städtebaulichen Akzent, zumal er in der Flucht der Brüderstraße lag, die vom Petrikirchplatz als dem ehemaligen Zentrum Cöllns, bis 1709 eine eigenständige Stadt auf der Spreeinsel, ausging (heute ist diese Verbindung durch das ehemalige Staatsratsgebäude abgeschnitten).

Als Friedrich I. 1713 starb, entließ sein Sohn und Nachfolger Friedrich Wilhelm I. den größten Teil des Hofstaats, darunter auch den Kavaliersarchitekten Eosander. Nun oblag es Schlüters Schüler Martin Heinrich Böhme, den rechten Fassadenabschnitt zu vollenden und anschließend die verbleibende Lücke an der Südseite mit dem Bau von Portalrisalit 2 zu schließen. Wie die vergoldete Inschrift unter dem Gebälk der Kolossalordnung mitteilt, waren die Arbeiten 1716 beendet. Hatte Eosander am Lustgarten Portal 4 als breitere Version von Portal 5 konzipiert, so schuf Böhme eine breitere Kopie von Portal 1, wobei er darauf achtete, sie in die Achse von Portalrisalit 4 zu stellen.

Unten: Detail von Portal 2 der Südfassade mit der Datierung 1716

Oben und rechte Seite: Details der Westfassade →

← Südfassade mit Portal 2 (links) und Portal 1 (rechts)

Südfassade gen Westen mit Portal 2, überkrönt von der Kuppel

Hofseite des Portals 2 mit Säulen im ersten und Pilastern im zweiten Geschoss sowie Wappenkartusche

Diese Achse hatte schon Eosander im Auge gehabt, da sie in der Verlängerung der Breiten Straße, der einstigen Cöllner Hauptstraße, liegt. Diese Straße nahm ihren Anfang beim Rathaus zu Cölln. Somit wurde der Portalrisalit 2 zu einem weiteren städtebaulichen *point de vue* und zu einem Bindeglied zwischen südlicher und nördlicher Spreeinsel. Darüber hinaus kreuzt sich die Breite Straße unmittelbar vor ihm mit der axialen Verlängerung der Alt-Berliner Rathausstraße (heute Schlossplatz). Diese Schnittstelle zweier Magistralen bildete auch den Nullpunkt für die Meilenzählung des brandenburgisch-preußischen Wegesystems.

Setzen wir unseren Rundgang fort, indem wir Portal 2 durchschreiten. Gelangte man hier früher in den Eosanderhof, so betritt man heute eine schmale, von Franco Stella geschaffene Passage, welche die Rückseiten der Portalrisalite 2 und 4 miteinander verbindet und damit die von der Breiten Straße kommende Achse Richtung Lustgarten verstärkt. Da Stella alle fünf Portalrisalite im Sinne Schlüters und Eosanders als tiefenräumliche Torbauten und nicht nur als Fassadenapplikationen begriff, rekonstruierte er, über die ursprünglichen Vorgaben des Wettbewerbs für den Wiederaufbau hinausgehend, nicht nur die Durchfahrten, sondern auch die Rückseiten der Portalrisalite 2 bis 4.

Wie der Portalrisalit 3 zeigen die Portaldurchfahrten 2 und 4 eine von Schlüter abweichende Architekturauffassung. Sie wurden als dreischiffige Hallen ausgeführt, deren Säulen deutlich niedriger sind als in den Portaldurchfahrten 1 und 5. Darüber hinaus hat Böhme in der Portaldurchfahrt 2 die Säulenreihen durch massive Pfeiler unterbrochen.

Indes haben Eosander und Böhme nicht nur das Prinzip einer die Baukörper durchziehenden Stockwerksgliederung aufgegeben. Auch Schlüters Dialektik von zweidimensional wirkender Wandbauweise und dreidimensional anmutender Gliederbauweise bedeutete ihnen nichts. Noch deutlicher als an den Atlantenhermen der Lustgartenseite oder am Triumphbogenmotiv von Portal 3 zeigt sich dies an den Rückseiten der Portalrisalite 2 und 4. Die Gliederung der unteren Stockwerke mit dorischen Säulen reicht weder in die Tiefe der Durchfahrt, noch setzt sie sich in der Höhe der Fassade fort. Vielmehr verflacht sie dort zu einer rein dekorativen Wandarchitektur: Im zweiten Obergeschoss reichen die korinthischen Pilaster nicht einmal mehr bis zum Traufgesims hinauf, sondern enden vorzeitig in Höhe der benachbarten Fensterstürze. Kaschiert wird die verbleibende Fläche mit einer Wappenkartusche und einem Ziergiebel, der mit seinem aufgesprengten Mittelfeld jede tektonische Logik vermissen lässt.

Wenden wir uns von der Mitte der Passage aus nach Westen und lassen unseren Rundgang im Foyer enden, das den größten Teil des ehemaligen Eosanderhofs einnimmt. Stella hat es an drei Seiten mit viergeschossigen Galerien umgeben, die auf die Rückseite von Portalrisalit 3 wie auf eine antike Bühnenrückwand (*scenae frons*) ausgerichtet sind. Die Theatralik des Schlüterhofs ist hier aufgenommen worden. Eine abschließende Beachtung verdient die (neo-)lateinische Inschrift auf dem

Passage mit Blick durch das Hofportal 4 zur Säulenvorhalle des Alten Museums →

SHOP
SCHLOSSKELLER

Genien über dem Rundbogen des Triumphbogens mit Spruchband im Foyer

Spruchband, das zwei Genien über dem Rundbogen des Triumphbogens entrollt haben. Sie stellt fest, Friedrich habe »zur Würde seiner Königsherrschaft« (PRO DIGNITATE REGNI) seine »königliche Residenz« (REGIA) gegründet und erweitert und auf diese Weise zur »ewigen Zierde der Stadt und seines Zeitalters« (AETERNO VRBIS ET SAECVLI SVI ORNAMENTO) beigetragen.

Damit spielt die Inschrift auch auf die eminente Bedeutung an, die das Schloss für die Entwicklung Berlins hatte. Mit seinen fünf Portalrisaliten und den beiden als Transitorien genutzten Höfen besaß es eine Gelenkfunktion, die wesentlich dazu beitrug, die bis 1709 autonomen Teilstädte Alt-Berlin, Cölln, Friedrichswerder, Dorotheenstadt und Friedrichstadt strukturell und ideell zur »königlichen Residenzstadt Berlin« zu verbinden, die 1772 dann auch zur gesamtpreußischen Metropole aufstieg. Deren Bebauung wiederum orientierte sich im Gegenzug am Schloss, genauer an den Maßstabsverhältnissen, der Gliederung und dem Figurenschmuck der Fassaden – und dies bis zum Ersten Weltkrieg: bei den Planungen für das Forum Fridericianum, bei der Umgestaltung der Straße Unter den Linden sowie bei der Bebauung der Spreeinsel mit Marstall (heute Hochschule für Musik »Hanns Eisler«), Berliner Dom und Museen.

Zudem erwies sich das Schloss als ein kultureller Kristallisationspunkt. Mit seiner Bibliothek, seiner Raritäten- und Wunderkammer, seiner Antiken- und Gemäldesammlung, aber auch mit seiner bildlichen Ausstattung und seinen Fassaden war es Berlins erstes Kulturforum. Mit der Rekonstruktion der Fassaden, die nun ein neues Kulturforum umkleiden, hat die Weltstadt Berlin wieder zu sich selbst gefunden.

Peter Stephan ist Professor für Architekturtheorie an der Fachhochschule Potsdam und für Kunstgeschichte an der Universität Freiburg i. Br.

← Foyer mit der Hofseite des Eosanderportals

Skulpturen an der Hofseite des Eosanderportals,
von oben links nach unten rechts: Liebe, Glaube, Hoffnung, Gebet →
Gewölbe über dem Durchgang durch das Eosanderportal →

DAS EOSANDERPORTAL

Das monumentale Triumphportal in der Mitte der Schlossfassade nach Westen schmückte den Zugang zum ehemals großen Schlosshof. Der Nachfolger Andreas Schlüters als Schlossbaumeister, Johann Friedrich Eosander von Göthe, entwarf es als offenen Triumphbogen mit deutlichen Anklängen an das antike Vorbild des Septimius Severus in Rom. Auf der Außen- wie der Hofseite begleiten vier korinthische Säulen diesen Triumphbogen mit seinen beiden kleineren seitlichen Toren und dem großen offenen Torbogen in der Mitte.

Im oberen Bild ist ein Flügel einer der beiden Genien zu sehen, Ruhmesgöttinnen, die über dem mittleren Bogen dem als Adler dargestellten Götterkönig Jupiter huldigen. Das untere Bild zeigt das fertiggestellte Hofportal mit den vier Kolossalfiguren auf den Säulen, die erst unter Kaiser Wilhelm I. 1886 ergänzt wurden und die christlichen Tugenden Glaube, Liebe und Hoffnung verkörpern. Da es nun einmal vier Säulenkapitelle zu bespielen galt, kam als vierte »Tugend« noch das Gebet hinzu.

1

2

3

4

5

1–4 Die drei bis vier Tonnen schweren Steinblöcke der selbsttragenden Natursteinfassade des Eosanderportals werden mit schwerem Gerät vor der Stahlbetonwand des Rohbaus »versetzt«, das heißt eingebaut.

5 An der dunkel patinierten Steinoberfläche ist der noch erhaltene originale Skulpturteil der Genie zu erkennen, der in das Schmuckportal eingebaut wurde.

6–9 Um die ebenfalls noch originalen korinthischen Säulenkapitelle nicht durch die aufliegenden Sandsteine zu belasten, wurden sie durchbohrt und die Auflast auf Stahlkernen abgeleitet.

10 Die Flächen zwischen den Säulen wurden mit Ziegelsteinen im historischen Format ausgemauert und hell verputzt. Im Vordergrund des Baustellenbildes aus der Ausbauphase sind dekorativ verpackte Aluminiumteile von Haustechnikkanälen zu sehen.

6

7

8

9

10

1

1 Weithin sichtbar entsteht im Rohbau die Westfassade mit dem Portal von Johann Friedrich Eosander von Göthe (1717) und dem Kuppelbau von Friedrich August Stüler (1847).

2 Für den Aufbau des mittigen Rundbogenportals aus profilierten Sandsteinelementen wird eine Lehre aus Holz errichtet. Erst mit dem Einsetzen des mittigen Schlusssteins erhält der Bogen seine Stabilität.

3 + 4 Auf dem Rundbogen liegen wie am Hofportal die Genien mit ihren Posaunen. Tonnenschwere Blöcke werden in den Rohbau »eingefädelt«.

5 Lorbeerranken und Bänder bilden den Rahmen für eine mächtige Wappenkartusche aus Bronze. Geschickt haben die Bildhauer die Leichtigkeit und Bewegtheit der Details in den harten Sandstein gehauen.

6 Über dem Rundbogen setzt sich die Architektur mit weit auskragenden Gesimsen bis zur Balustrade fort. Die Einzelblöcke stehen mit einer Rücklagentiefe von 65 Zentimetern aufeinander.

7 Damit die Bildformen wie hier am Waffenrelief ungebrochen als Einheit wirken, werden die Bereiche um die Blockfugen auf dem Gerüst bildhauerisch fertiggestellt.

8 Westseite und Kuppel im Rohbau, im Vordergrund eine der Skulpturen der Schlossbrücke.

2

3

4

5

6

7

K4

U5

Schlüterhof, Blick Richtung Nordosten mit Portal 6 und Hofseite von Portal 5

← Westfassade mit Eosanderportal und Kuppel, von der Schlossbrücke aus gesehen

Bernd Wolfgang Lindemann

IM ZEICHEN DES BAROCKS

ZUR IKONOGRAFIE DES SCHLOSSES IN BERLIN

Das barocke Berliner Schloss entstand ab 1698 als ehrgeiziges Projekt zweier historischer Persönlichkeiten: Friedrich III., brandenburgischer Kurfürst, ab 1701 König Friedrich I. in Preußen, und Andreas Schlüter, dessen Hofbildhauer. Es gab in den deutschen Staaten und in Österreich keinen Residenzbau, der jenem gleichkam, der damals in Berlin errichtet wurde. Schlüter war kühn genug, eigene Entwürfe vorzulegen, als man am Berliner Hof daranging, nach Konzepten für eine Erweiterung des Schlosses zu suchen, welche der angestrebten Königswürde den angemessenen Rahmen bieten sollte. Mittelalter, Renaissance und Frühbarock hatten hier ein reizvolles Konglomerat von Bauteilen hinterlassen, das es nun, gemäß den Vorstellungen zeitgenössischer Architektur und gegenwärtiger königlicher Repräsentation, zu überformen und zu vergrößern galt.

Nicht alles, was Andreas Schlüter plante, wurde ausgeführt – und zudem wurde sein von ihm bereits mehrfach modifiziertes Konzept durch die enorme Erweiterung, für die Johann Friedrich Eosander von Göthe 1707 den Auftrag erhielt, verändert und doch auch gleichzeitig weitergeführt, wiewohl nicht durchweg in Schlüters ursprünglichem Sinne. Außerdem kamen im mittleren und späten 19. Jahrhundert abermals Veränderungen hinzu, vor allem durch die neue Kapelle mit zugehöriger Kuppel. Besonders kompliziert ist der gesamte Bereich der die Fassaden abschließenden Balustraden: Wie hier der ursprüngliche Skulpturenschmuck aussah, lässt sich kaum mit letzter Sicherheit sagen; zum Zeitpunkt der Zerstörung des Schlosses 1950 standen dort bildhauerische Arbeiten aus dem 19. Jahrhundert. Und auch die monumentalen Figuren des Schlüterhofs überstanden die Zeitläufte nicht unverändert: Die Attribute, mit denen sie

Südfassade in der Dämmerung

zuletzt ausgestattet waren, gehörten ihnen nicht von Beginn an, sondern waren wohl freie Ergänzungen des 19. Jahrhunderts.

Die in den letzten Jahren durchgeführte Rekonstruktion des Schlosses ist nicht in allen Teilen ein getreuer Wiederaufbau dessen, was im Zweiten Weltkrieg beschädigt und auf Geheiß Walter Ulbrichts, später Staatsratsvorsitzender der DDR, niedergerissen wurde; man verzichtete auf die Wiedererrichtung des spreeseitigen Flügels, der bis zu seinem Abbruch jenes malerische Aussehen bewahrt hatte, das durch Bauteile des Mittelalters, der Renaissance und des Frühbarocks bestimmt war – an seiner Stelle steht heute Franco Stellas neuer Flügel (ein Lageplan befindet sich auf den Seiten 28/29). Verzichtet wurde auch auf die Wiederherstellung von Modifikationen, die zurückgingen auf Eingriffe Ernst von Ihnes bei seiner Vergrößerung des Weißen Saales bis 1895, was schwerwiegende Veränderungen in der inneren Fassade des Portals 3 zur Folge hatte – hier wurde beim Wiederaufbau die ursprüngliche Architektur Eosanders rekonstruiert.

ZUM ERSCHEINUNGSBILD DER FASSADEN

Beschäftigen wir uns also mit der Ikonografie des barocken Schlosses, so gilt es, sich vor Augen zu halten, dass der jetzt rekonstruierte Zustand nicht in allem dem ursprünglichen Konzept – wie auch immer es in den Details ausgesehen haben mag – zu folgen imstande ist.

Abreißen war vor der Erfindung des Dynamits so aufwendig wie das Neuerrichten von Bauwerken – es ist daher verständlich, dass Andreas Schlüter von den bestehenden Teilen des Berliner Schlosses so viel wie möglich zu bewahren hatte, als er mit seinem großen Projekt begann. So kam es, dass er bei der Umgestaltung des Renaissanceflügels am Schlossplatz dessen unregelmäßige Fensterabstände beibehalten musste. Dadurch war ihm die Gelegenheit genommen, seine neue Fassade durch Pilaster zu gliedern. Stattdessen avancierten die Fensterachsen zur hauptsächlichen vertikalen Gliederung, angelehnt an und ästhetisch legitimiert durch den Mitte des 17. Jahrhunderts barockisierten Palazzo Madama in Rom. Umso mächtiger geriet

← Südöstliche Gebäudeecke, von der Rathausbrücke aus gesehen

Südwestecke der Südfassade und Blick Richtung Werderscher Markt mit Simulation einer Fassadenecke der zerstörten Bauakademie, Friedrichswerderscher Kirche und Kuppel der Hedwigskathedrale →

Lustgartenfassade, vom Ostufer der Spree aus gesehen, rechts Detail des Berliner Doms

dafür das Portal 1, dessen Aussehen durch korinthische Kolossalsäulen geprägt wurde und nun wieder wird.

Auch an der Lustgartenfassade wurden die Fensterachsen Hauptakzente der Vertikalen; das Portal 5 jedoch verzichtete von vornherein, schon bei Schlüters Planung, auf Säulen, es wurde im Zuge des von Eosander zu verantwortenden Weiterbaus im ersten Geschoss mit Hermenpilastern ausgestattet – gemeinsam mit dem von Eosander allein zu verantwortenden Portal 4 ergibt sich hier eine Folge der vier Jahreszeiten, ausgeführt nach Überzeugung der mit der Erforschung des Schlosses beschäftigten Gelehrten nicht mehr durch Schlüter und seine Mitarbeiter, sondern durch die Werkstatt von Balthasar Permoser.

Dieser Eingriff Eosanders war insofern konsequent, als er die von Schlüter bereits bauikonologisch angelegte Erscheinung der Lustgartenfassade inhaltlich stimmig ergänzte: Markierte hier bereits der Verzicht auf Vollsäulen zugunsten von Pilastern ein hierarchisches Gefälle von der Schlossplatzfassade zu jener des Lustgartens, so stellten die Hermen nun auch einen direkten inhaltlichen Bezug zum angrenzenden, dem Wandel der Jahreszeiten unterworfenen Garten her – eine Lösung, die übrigens Jahrzehnte später am Schloss Sanssouci

← Südfassade mit Portal 1 und Blick zum Fernsehturm

Lünettenreliefs mit den Allegorien der Gerechtigkeit (oben) und der Stärke (unten) an Portal 5

Portal 4 des Schlosses, weitgehend original eingebaut in das ehemalige Staatsratsgebäude der DDR am Schlossplatz

in Potsdam mit dem Gegensatz Kolonnaden – Hermenpilaster wiederholt werden sollte. Die im Erdgeschoss des Portals 5 zu Seiten des Eingangs platzierten Lünettenreliefs mit den Allegorien der Stärke und der Gerechtigkeit entstammen noch Schlüters ursprünglichem Konzept; ikonografisch schlagen sie, bei allem Liebreiz ihrer Darstellungen, einen ernsteren Ton an als die erst durch Eosanders Planung dort eingesetzten Hermenpilaster, trotz der schweren Last, die Letztere zu stemmen haben.

Begreifen wir die Fensterachsen in Schlüters Fassade als die wesentlichen vertikalen Akzente – erst in einem zweiten Schritt fügte der Architekt die eingetieften Felder in den dazwischenliegenden Wandabschnitten hinzu –, so nimmt es nicht wunder, dass er diesen Achsen und den Rahmungen der Wandöffnungen besondere Aufmerksamkeit und Fantasie widmete. Im ersten Geschoss werden die Fenster durch ein sich aufwärts schwingendes Gebälkstück bekrönt, unter dem sich je eine Kartusche befindet, deren oberer, in den Raum vorkragender Abschluss als skelettierter Tierschädel ausgebildet ist – einigermaßen stilisiert zwar, jedoch deutlich erkennbar. Zuoberst, zu Seiten der quadratischen Mezzaninfenster, sind jeweils links und rechts Widderköpfe appliziert, aus deren Mäulern Lorbeerzöpfe herabhängen.

Portal 4 der Lustgartenfassade, davor Skulpturen der Schlossbrücke mit Kriegern und Siegesgöttinnen nach der griechischen Mythologie, 19. Jahrhundert →

Beide – die Tierschädel wie die Widderköpfe – sind angesichts der Bauzeit unseres Schlosses überraschend: Sie gehören nicht zum regelmäßigen dekorativen Repertoire des Hochbarocks; an Bauten früherer Epochen, etwa des 16. Jahrhunderts, begegnen sie häufiger. Was, so stellt sich die Frage, mag Andreas Schlüter mit ihrer Verwendung an seinen Fassaden des Berliner Schlosses bezweckt haben? Sind wir des Umstandes eingedenk, dass Kurfürst Friedrich III. just während der Bauzeit des Schlosses zum König avancierte, ja, dass das ungeheure Unternehmen des Residenzbaus mit dieser Standeserhöhung in unmittelbarem Zusammenhang stand, so bietet sich eine Erklärung an. Preußen wurde mit Friedrich I. ein – im Gegensatz zu anderen, traditionsreichen europäischen Monarchien – neues Königtum, er selbst war gewissermaßen ein Emporkömmling, ein Parvenu. Das Verwenden altertümlicher Zierelemente an den Fassaden des Schlosses konnte diesen Makel auf elegante Weise überspielen, wenn nicht eskamotieren – es spiegelte eine Altertümlichkeit vor, die de facto gar nicht existierte. Ähnliches wird uns an Details des Schlüterhofs begegnen. Für die Widderköpfe könnte Schlüter übrigens vom Grabmal des Otto Christoph von Sparr in der nahegelegenen Marienkirche angeregt worden sein, geschaffen um 1663 durch den niederländischen Bildhauer Artus Quellinus d. Ä.; dort allerdings begegnen sie, ikonografisch korrekt, an einem antikisierend gestalteten Altarstein.

Ganz oben an der Fassade, direkt unterhalb des Gebälks und zu Seiten der Mezzaninfenster, platzierte Schlüter in Vielzahl das preußische Wappentier: Adler, die alternierend den Kopf nach rechts oder links wenden. Sie breiten ihre Schwingen aus, mal mehr, mal weniger, je nach dem Platz, der ihnen zur Verfügung steht.

Eosander behielt die schlütersche Fassadengliederung bei der Erweiterung des Residenzbaus ebenso bei wie dessen Dekorationselemente; erst für seine »Schulter«, den nach Westen

Fenster im ersten Geschoss der Lustgartenfassade mit stilisiertem Tierschädel in der Kartusche des Gebälks

Fenster des zweiten Geschosses der Lustgartenfassade und Mezzaningeschoss mit Widderköpfen, darüber das preußische Wappentier: der Adler

Lustgartenfassade gen Osten mit Fensterachsen und Detail des linken Pilasters von Portal 5

gerichteten Bauteil mit dem Triumphbogen des Portals 3, veränderte er das Konzept zugunsten einer puristischen Fasson.

In die Mittelachse des Portals 1, an das Gesims zwischen erstem und zweitem Geschoss, setzte Andreas Schlüter eine Armatur, bestehend aus einem Schild mit dem Relief einer Kampfszene, bekrönt von einem reich dekorierten Helm und mit Pfeilen gefüllten Köchern. Unterhalb des Schildes hängt ein Löwenfell über das Gesims, weit ausgebreitet, mit den Tatzen links und rechts an den äußeren Enden. Dieses Fell, es ist das des Nemeischen Löwen, gemahnt an den Tugendhelden der antiken Mythologie schlechthin: Herkules, der in der christlich geprägten Neuzeit sogar dem alttestamentlichen Simson den Rang ablief. Anders als dieser nämlich war Herkules nicht nur ein in mannigfachen Aufgaben siegreicher Kraftprotz – er widerstand zudem, so hieß es, der »Weiberlist«, anders als der seiner Delila schmählich unterlegene Simson.

← Detail des rechten Pilasters von Portal 5

Oben: Nordwestecke des Schlossbaus, Ergänzung durch Eosander
Unten: Triumphbogen des Eosanderportals

Detail des Eosanderportals mit Figuren von Moses und Elias (oben) sowie der Tugenden, unten rechts Monogrammkartusche Friedrichs I. →

Zweites Geschoss von Portal 1 der Südfassade

Armatur vom Gesims zwischen erstem und zweitem Geschoss von Portal 1 mit dem Fell des Nemeischen Löwen

Das Aufhängen der Trophäen – und auch das Fell ist dem Mythos nach eine Trophäe – über dem Eingang zum Schloss machte dieses quasi zum Palast, zum Wohnsitz des Tugendhelden. Und seinerseits verpflichtete sich der tatsächliche Bewohner des Baus, Friedrich I., den Prinzipien des antiken Halbgotts.

ÜBER DEN SINN DER SKULPTURALEN AUSSCHMÜCKUNG

Dieses Portal durchschreitend erreichen wir den Schlüterhof. Hier sehen wir zum ersten Mal freistehende großformatige Figuren, ursprünglich geschaffen nach Andreas Schlüters Modellen von Mitarbeitern seiner Werkstatt und nun wiederhergestellt von den Bildhauer*innen der Schlossbauhütte.

Drei Risalite besitzt der Schlüterhof: zwei dreiachsige an den Portalen zum Schlossplatz und zum Lustgarten (1 und 5), einen fünfachsigen, ursprünglich vorgelagert dem Hauptzugang zu den repräsentativen Räumen, dem Gigantentreppenhaus, jetzt dem Lapidarium (Portal 6). Vollsäulen übergreifen jeweils die unteren beiden Geschosse; in ihrer vertikalen Verlängerung stehen die Figuren – jeweils vier weibliche an den schmaleren Risaliten, an dem breiten sechs männliche, flankiert von zwei weiteren weiblichen.

Skulptur des Antinous am Portal 6 des Schlüterhofs →

Viel und intensiv wurde darüber nachgedacht, wie ein mögliches ikonografisches Programm dieser Bildwerke sich heute rekonstruieren ließe. Dies ist umso verständlicher, als die Kunst des Barocks ja in der Tat dem *concetto*, dem scharfsinnig erdachten gedanklichen Gerüst bildlicher Kreationen, größtes Gewicht beimaß. Außerdem zeigte das Berliner Schloss an anderen Orten, im Gigantentreppenhaus ebenso wie in den Repräsentationsräumen des zweiten Geschosses, mit welch ikonologischer Präzision Schlüter und seine Kollegen zu Werke gegangen waren. Allein: Keiner der Vorschläge für die Figuren des Schlüterhofs vermag zu überzeugen. Die Benennungen der weiblichen Figuren als Personifikationen, zumeist geschuldet ihren im 19. Jahrhundert in freier Fantasie hinzugefügten Attributen, gehen ebenso fehl wie der Vorschlag, in ihnen Musen zu sehen: Es sind und bleiben an den schmalen Risaliten acht, nicht, wie bei den Schutzgöttinnen der Künste kanonisch, neun Figuren. Und auch die männlichen Figuren vor Portal 6 vermögen sich nicht zu fügen in ein stimmiges ikonografisches Programm: Versammelt sind hier drei Götter (Apoll, Neptun und Merkur), ein zur Unsterblichkeit erhobener Halbgott (Herkules), ein Sterblicher (Meleager) sowie ein erst in kaiserlich-römischer Zeit zum Gott erklärter Zeitgenosse: Antinous, Liebling des Kaisers Hadrian.

Lösen wir uns von dem Zwang, all den Figuren Namen und damit vermeintlich Sinn zu geben, so lohnt es sich, auf einzelne formale Lösungen aufmerksam zu machen. Es fällt auf, wie intensiv Schlüter sich hier berühmter Vorbilder bediente – und diese nicht etwa paraphrasierte, sondern direkt kopierte. Am Risalit des Portals 5 begegnet uns eine Nachbildung der um 1630 geschaffenen heiligen Susanna von François Duquesnoy in Santa Maria di Loreto in Rom ebenso wie eine Kopie der antiken Flora Farnese, deren Original sich heute im Museo archeologico nazionale in Neapel befindet. Die stets als Borussia identifizierte Figur von Portal 6 kopiert Giovanni Lorenzo Berninis *Mathilde von Tuszien* (1634–1644) aus dem Petersdom in Rom; der am selben Portal stehende Antinous ist wiederum die Nachbildung eines antiken Prototyps respektive eines von dessen zahlreichen neuzeitlichen Derivaten.

Im Jahr 1696, kurz vor dem Baubeginn des Residenzschlosses, wurde in Berlin die Akademie der Künste gegründet. Als Vorbild diente vor allem das 1648 installierte französische Pendant. Kunstakademien waren damals gleichsam Gralshüter der ein für alle Mal als richtig erkannten Regeln für die Künste – und es ist kein Zufall, dass sie erfolgreich vor allem dort waren, wo eine starke zentrale Kraft die Politik bestimmte, weshalb eben gerade die Pariser Institution für eine ganze Epoche das Leitbild abgab – übrigens bis weit in das 19. Jahrhundert hinein, in dem sie allerdings von den Künstler*innen und, nachfolgend, von der Kunstgeschichte mehr und mehr als Feindbild angesehen wurde.

Offenkundig wünschte sich auch Friedrich III. in Hinsicht auf seine Königswürde eine solche Einrichtung, und Andreas Schlüter sollte in ihr eine führende Rolle spielen, wurde sogar für zwei Jahre ihr Direktor. Seine Voraussetzungen hierfür

Schlüterhof mit moderner Westfassade und rekonstruierter Nord- und Ostfassade

Portal 6 mit »Borussia«, Apoll und Neptun sowie Hofseite von Portal 1 mit vier weiblichen Gewandfiguren im Schlüterhof

waren vorzüglich: Er war weit gereist, hatte Rom, die Niederlande und wohl auch Paris gesehen. Aus Italien hatte er im Auftrag des Landesherren Gipse von mustergültigen Antiken nach Berlin gebracht.

Dies vor Augen sei eine andere Deutung der Figuren im kleinen Schlosshof, im Schlüterhof also, gewagt. Vor uns und um uns stehen sechs männliche Aktfiguren und zehn weibliche Gewandfiguren, einige von ihnen erkennbar Kopien nach berühmten Vorbildern, beispielhaft für das Einhalten der akademischen Regeln. Sehen wir hierin, die offenkundig aussichtslose Suche nach einem herkömmlichen ikonologischen Programm aufgebend, das, was diese Werke in der Tat sind: ideale Vorbilder, Musterstücke für die zeitgenössische Bildhauerei. Das Programm wäre mithin nicht, wie üblich, eine Orientierungslinie unter dem Gesichtspunkt fürstlicher Erziehung, monarchischer Tugenden und Eigenschaften, sondern steingewordene Anleitung für neue Generationen von Bildhauern, ausgestellt am vornehmsten Ort der Stadt – im Hof der neu gestalteten Residenz.

Für diese Aufgabe als mustergültige Vorbilder sind die Skulpturen in hohem Maße geeignet; sie zeigen, wiewohl in ein und derselben Werkstatt entstanden, eine enorme Bandbreite künstlerischen Gestaltens. Die Akte stellen Männer unterschiedlichen Alters und Körperbaus dar, reife Athleten ebenso wie ephebische Jugend. Bei den weiblichen Figuren begegnen uns solche mit eng an den Körperkonturen anliegenden Gewändern, gegliedert durch lang auslaufende, häufig parallel geführte Falten; andere tragen in den Raum vor und neben die Figur ragende Draperien, gegliedert durch eine Vielzahl unterschiedlich sphärisch gekrümmter Flächen.

Eine Figur lohnt besondere Aufmerksamkeit: die des Apoll. Bei genauem Hinsehen ist sie keine Einzelfigur, sondern die Gruppe von Apoll und Daphne, eben jener Nymphe, der Apoll liebesentbrannt hinterhereilte und die vor seinem Zugriff durch Verwandlung in den Lorbeerbaum gerettet wurde. Der Baumstamm zur Seite des Gottes hat erkennbar zwei Wurzelstämme – die verwandelten Beine der Daphne –, und bei genauem Hinsehen erkennt man sogar noch ihren Nabel. Vielleicht erklärt sich mit dieser Beobachtung der Gesichtsausdruck des Apoll, in dem deutlich Züge der Enttäuschung zu erkennen sind.

Ganz verzichtet die Dekoration des Schlüterhofs nicht auf herkömmliche Fürstenallegorie: Für die zu den Fassaden zurückfluchtenden Flanken der schmalen Risalite waren acht Reliefs geplant, von denen jedoch nur vier zur Ausführung kamen. Zwei von ihnen haben sich erhalten und wurden für den Wiederaufbau kopiert. Es handelt sich um die Bändigerin eines Rosses sowie eine weitere weibliche Personifikation in Begleitung eines Löwen. Unabhängig von den bisher vorgeschlagenen Benennungen ergibt sich hierfür der gemeinsame Nenner: Die Wesen der Natur werden durch menschliches Vermögen

Nordwestecke des Schlüterhofs, Hofseite von Portal 5
mit vier weiblichen Gewandfiguren →

← Apoll, Neptun, Antinous, Meleager, Herkules und Merkur am Portal 6

Weibliche Gewandfigur, Merkur und Herkules am Portal 6 sowie zwei weibliche Gewandfiguren an der Hofseite von Portal 5

»Borussia«, Kopie nach Giovanni Lorenzo Berninis *Mathilde von Tuszien*, und Apoll; im Hintergrund vier weibliche Gewandfiguren an der Hofseite von Portal 1 im Schlüterhof

Originale Sandsteinfiguren des Schlüterhofs im Skulpturensaal hinter Portal 6: Apoll, Jupiter, Antinous, Meleager, Herkules, Merkur und weibliche Gewandfigur →

Oben: Hofseite von Portal 1 mit weiblichen Gewandfiguren
Unten: Zwei weibliche Gewandfiguren an der Hofseite von Portal 1

Monogrammkartusche Friedrichs I. mit Genien am Übergang von der schlüterschen zur eosanderschen Fassade Richtung Lustgarten

gezähmt, eine Vorstellung, die auch die zeitgenössischen Ideale von fürstlicher Erziehung bestimmte – nur der, der seine eigenen Affekte und Temperamente zu bändigen weiß, ist auch in der Lage, ein Volk zu beherrschen.

Und schließlich zieren, jeweils unterhalb der Mezzaninfenster, vier nach antiken Münzen gestaltete Porträts die beiden schmalen Risalite in diesem Hof. Wie oben bereits angedeutet können wir auch diese Darstellung als Hinweis auf eine behauptete Anciennität lesen: Könige, so verkünden uns die Bildwerke, gab es lange, bevor ein Kaiserreich installiert wurde, und Kurfürst Friedrich III. konnte seine ersehnte Standeserhöhung erst nach langen Verhandlungen mit dem Wiener Kaiserhof durchsetzen.

Gäbe es die Gigantentreppe (einst hinter Portal 6 gelegen) wieder, so ließe sich an dieser Stelle trefflich schreiben über den dort dargestellten siegreichen Kampf des Jupiter gegen die aufständischen Giganten, die nun verurteilt wären, statt des von ihnen angerichteten Chaos der ausgeklügelten architektonischen Ordnung von Schlüters Treppenhaus zu dienen.

Nicht zu vergessen sind schließlich die an mehreren Stellen der Schlossfassaden begegnenden Genien, die mittels Fanfaren den Ruhm der Bauherren, Friedrichs I. und Friedrich Wilhelms I., zu verkünden haben, oft genug umgeben von reichlich Waffen und sonstigem Kriegsmaterial. Wie in einer der Inschriften am Gebäude vermerkt, wurde das Schloss gleichsam im Schatten kriegerischer Gefahren errichtet. Wir müssen diese Dekorationen nicht im Sinne Walter Ulbrichts lesen, wonach Preußen seit jeher dem Militärischen verschrieben gewesen sei; versuchen wir es eher im Geist ihrer ersten Entstehung: »Si vis pacem, para bellum« – wenn du den Frieden willst, bereite (dich auf) den Krieg vor. Eines dieser Zierelemente, jenes an der Lustgartenseite, im Winkel zwischen der schlüterschen Fassade und der eosanderschen Schulter, hat übrigens zuvorderst eine ästhetische Aufgabe: Es überspielt dort das harte Aufeinandertreffen zweier unterschiedlicher, ja absolut gegensätzlicher architektonischer Gliederungen.

So viel zu Schlüters und Eosanders Werk, dessen weitgehende Rekonstruktion uns nun wieder vor Augen steht. Vielleicht werden schon in naher Zukunft zum Stil der ursprünglichen Architektur passende, an den wenigen erhaltenen Originalen sich orientierende Skulpturen auf den die Fassaden abschließenden Balustraden hinzugefügt werden können.

Bernd Wolfgang Lindemann war von 2004 bis 2016 Direktor der Berliner Gemäldegalerie.

← Monogrammkartusche Friedrichs I. mit Genien links vom Eosanderportal

Oben: Monogrammkartusche Friedrichs I. am Hofportal 4 in der Passage zwischen Lustgarten und Breiter Straße
Unten: Kartusche mit preußischem Adler im Schlüterhof

MONTAGEN AN DEN FASSADEN

Insgesamt wurden an den rekonstruierten Barockfassaden für das Berliner Schloss allein circa 3.000 figürliche Schmuckelemente aus Sandstein verbaut. Sie liegen auf einer selbsttragenden, 65 Zentimeter starken Mauerwerkswand, die, getrennt durch eine Dämmschicht, vor die Stahlbetonwände des modernen Rohbaus gestellt wurde. Mit den vorkragenden Sandsteinelementen erhält die Außenwand dadurch eine Tiefe von bis zu 1,20 Metern.

Im oberen Bild gut zu sehen ist die Mächtigkeit der tonnenschweren Sandsteinblöcke, von denen nach dem Einbau in der fertigen Fassade nur noch die Oberfläche mit dem auskragenden Steinschmuck zu erkennen ist. Im unteren Bild scheint noch die Mauerwerkswand hervor, auf welche die Sandsteinelemente aufgelegt wurden.

1

1–3 Die überschweren Steinblöcke für die große Eckkartusche an der Lustgartenfassade werden mit Tiefladern antransportiert und mit leistungsstarken Hubkränen an den Einbauort in 30 Metern Höhe gehievt. Dieses Schmuckelement allein, dessen Montage die folgenden Bilder zeigen, besteht aus 19 schwergewichtigen Einzelteilen. Zusammen fügen sie sich zu einer Höhe von bis zu 7,30 Metern und einem Gewicht von 56 Tonnen.

4–8 Vor Ort werden die Einzelblöcke zentimetergenau ausgerichtet und gegebenenfalls zusätzlich bearbeitet. Trotz der Einbauhöhe wurde großer Wert auf die Detailgenauigkeit des skulpturalen Schmucks gelegt.

9 Detailansicht auf die Putten unter dem Wappenschild der fertig eingebauten Eckkartusche.

2

3

4

5

6

7

8

9

Rekonstruktion der Westfassade des Berliner Schlosses, Blick vom Schinkelplatz, links der Fernsehturm

Franco Stella mit Peter Westermann

DIE REKONSTRUIERTEN FASSADEN DES BERLINER SCHLOSSES

BEDEUTUNG UND KONSTRUKTION

DIE STADTPRÄGENDE BEDEUTUNG DER HISTORISCHEN FASSADEN

Die Rekonstruktion der barocken Fassaden des Berliner Schlosses und seiner im 19. Jahrhundert gebauten Kuppel geschieht im Kontext eines völlig neuen Bauwerks, das den gestalterischen und modernen technischen Ansprüchen des Kulturbaus Humboldt Forum gerecht wird. Als Residenz der brandenburgischen Kurfürsten, preußischen Könige und deutschen Kaiser war das Schloss in den fünf Jahrhunderten seiner Existenz bis zur Sprengung 1950 das wichtigste Bauwerk Berlins, in politisch-gesellschaftlicher wie architektonisch-urbaner Hinsicht.

Über die Prinzipien der »kritischen Rekonstruktion« hinaus, die den Berliner Städtebau der vergangenen Jahrzehnte geprägt haben, bedeutet die Rekonstruktion eines verlorenen Baudenkmals über das bloße Volumen hinaus auch eine originalgetreue Wiederherstellung der Fassade. Im Fall des Berliner Schlosses haben die Fassaden eine unverzichtbare Bedeutung für das kollektive Gedächtnis sowie für die architektonische Identität der Stadtmitte. Sie erinnern an die Bauzeit des Gebäudes und ermöglichen das Verständnis, dass die wichtigsten Bauten und Plätze des historischen Zentrums Berlins auf das königliche Schloss bezogen waren.

Der mit großer überfraktioneller Mehrheit 2002 vom Deutschen Bundestag gefasste Beschluss zur Teilrekonstruktion des Berliner Schlosses – also des im frühen 18. Jahrhundert geschaffenen barocken Gebäudes und der 150 Jahre später hinzugefügten Kuppel – unterstreicht die besondere Bedeutung der Fassaden. Neben der städtebaulichen Empfehlung, »eine Bebauung des Schlossplatzes soll sich an der Stereometrie des ehemaligen Berliner Schlosses orientieren«, war »die

Luftaufnahme des historischen Schlosses, davor Museumsinsel mit Berliner Dom und Lustgarten (links) sowie Zeughaus (rechts), 1925

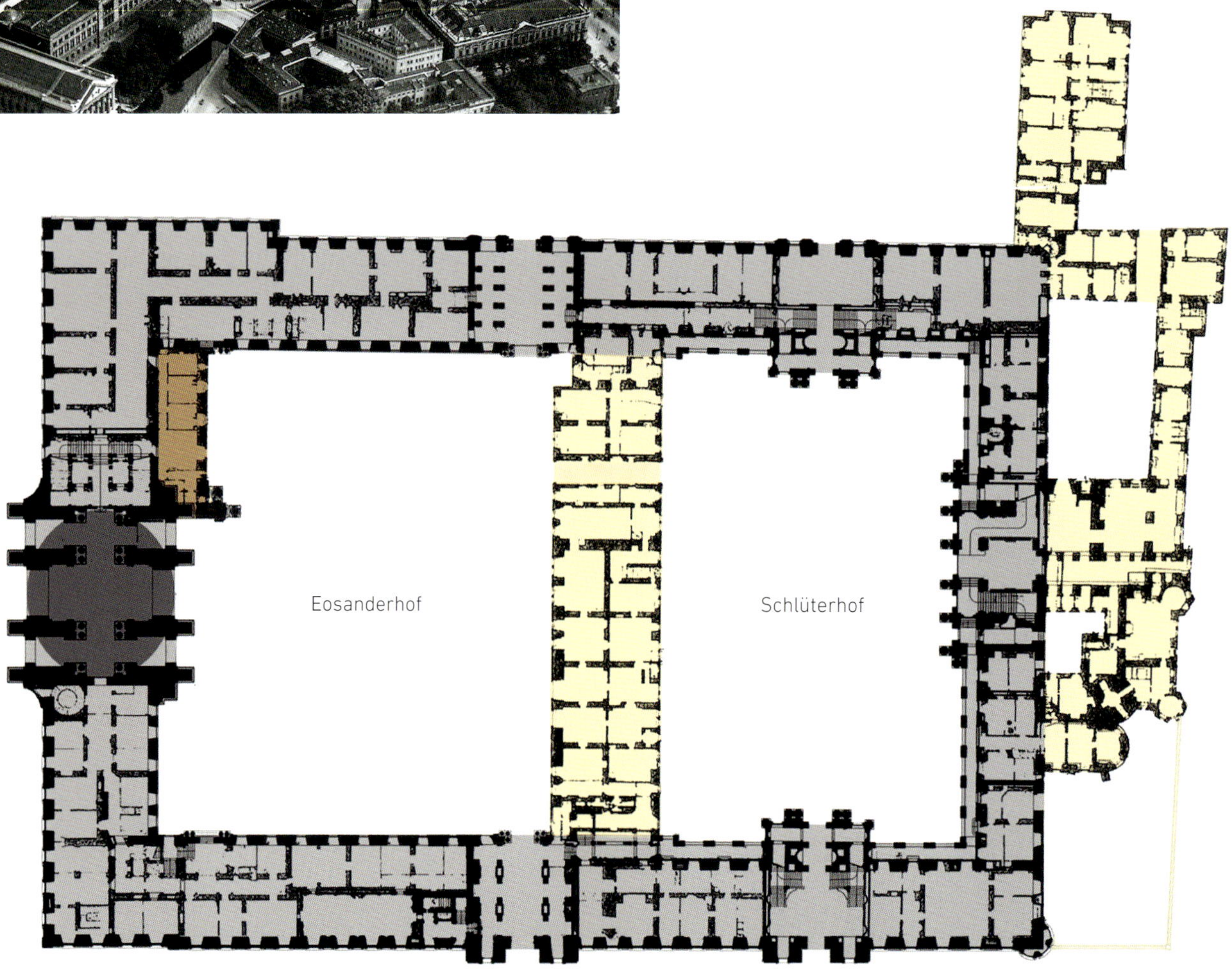

Das alte Schloss

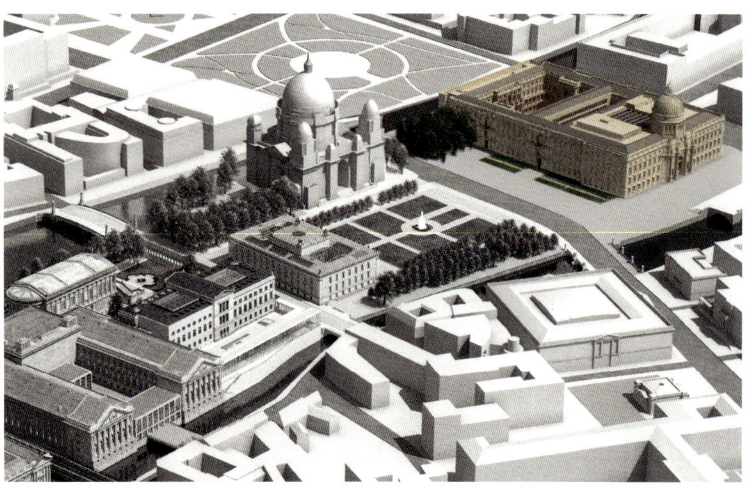

Modell des wiedererrichteten Schlosses und seiner Umgebung

vorbarocke Bauten

barocke Bauten

die Kuppel des 19. Jahrhunderts

späterer Anbau

neue Bauten

Das neue Schloss: West-Ost-Schnitt durch die Querflügel

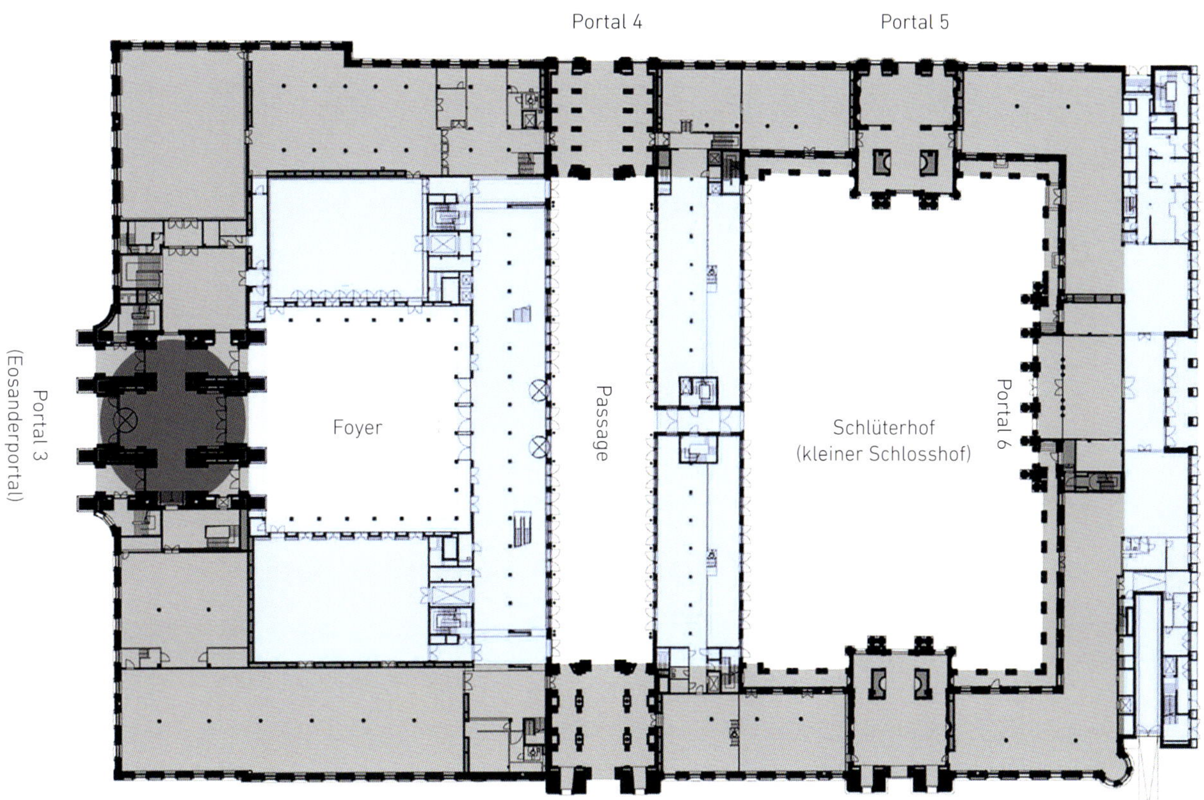

Das neue Schloss:
Grundriss des Erdgeschosses

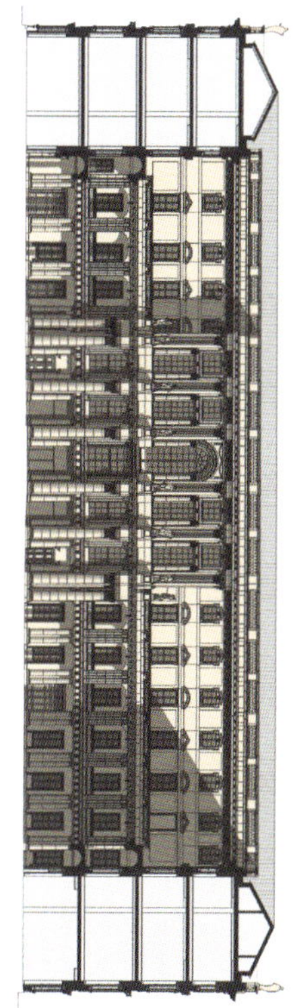

Das neue Schloss:
Nord-Süd-Schnitt
durch den Schlüterhof,
Ostfassade mit
Portal 6

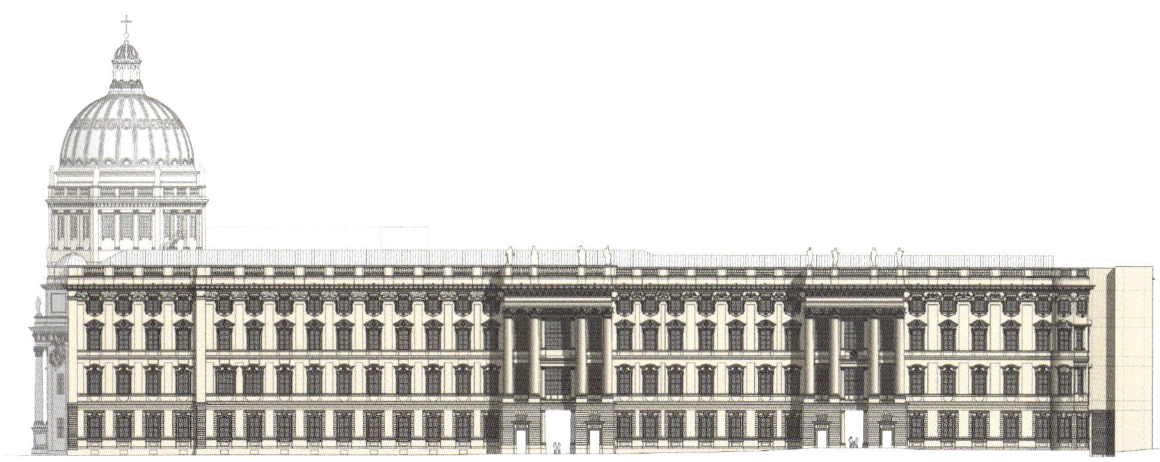

Das neue Schloss: Südfassade

Wiederrichtung der barocken Fassaden der Nord-, West- und Südseite sowie de[s] Schlüterhof[es] des ehemaligen Stadtschlosses« die einzige architektonisch verbindliche Vorgabe, wie es im Bundestagsbeschluss vom 2. Juli 2002 heißt. Sie wurde durch den 2007 international ausgelobten Architekturwettbewerb übernommen.

Über die Wettbewerbsvorgabe hinaus wurden auch die Hofseiten und die Durchgänge der Portale 2 und 4, die die neue Passage erschließen, originalgetreu rekonstruiert. Gleiches trifft auf das Eosanderportal (Portal 3) unter der Kuppel zu, das als mächtiges Zugangsportal der neuen großen Empfangs- und Veranstaltungshalle dient. Durch die Wiedererrichtung aller Hofportale und ihrer Durchgänge verbinden sich die inneren und äußeren Plätze erneut zu einem großartigen öffentlichen Raum im Herzen Berlins.

Der Schlüterhof, einst ein Ort des höfischen Zeremoniells und künftig vielfältiger Veranstaltungen, erhält durch die Rekonstruktion seiner drei barocken Flügel mit Hofportalen und den umgebenden Loggien den Charakter eines Theaterplatzes zurück. Der neu entworfene vierte Flügel versteht sich als seine Vervollständigung. Im großen Foyer, einer glasüberdeckten und auf drei Seiten von neuen Galerien eingefassten Wandel- und Veranstaltungshalle, wirkt das wiedererrichtete Triumphbogenportal Johann Friedrich Eosander von Göthes nun gleich der Bühnenrückwand eines antiken Theaters. In der Passage, einer neuen säulengesäumten Straße zwischen Schlossplatz und Lustgarten, bekommen die rekonstruierten Portale 2 und 4 wieder ihre ursprüngliche Bedeutung als Ein- und Ausgangstore des Schlosses. Mit der Wiedererrichtung der historischen Kuppel mit Laterne und Kreuz kehrt ein Wahrzeichen der

Nord- und Westfassade des Schlosses als Rendering

Blick auf die Schlossbaustelle mit Nord- und Westfassade, links der Berliner Dom

Schlüterhof in der Bauphase, noch ohne Skulpturenschmuck

Identität des Schlosses zurück. Die bis zu sieben Meter hohen Ausstellungsräume fügen sich in die Geschosshöhen des barocken Schlossbaus ohne Konflikte mit dessen Fassaden ein.

DIE KONSTRUKTION DER HISTORISCHEN FASSADEN

Die Fassaden des neuen Berliner Schlosses sind ein mächtiges dreischichtiges Wandsystem, dessen Tiefe mit derjenigen des historischen Schlosses vergleichbar ist. Eine massive, 65 Zentimeter starke Ziegelwand mit integrierten Natursteinelementen wird über Doppelgelenkanker mit der inneren, 30 bis 50 Zentimeter starken Stahlbetonwand des Gebäudetragwerks verbunden, was thermische Bewegungen zulässt. Die innere, 12 Zentimeter starke mineralische Kerndämmung wird begleitet von einer schlanken, stehenden Luftschicht. Sie dient dem Ausgleich von Toleranzen und als hygrische Entkopplung.

Die massive, energetisch optimierte Wandkonstruktion weist um 30 Prozent bessere Werte auf, als sie nach geltender Energieeinsparverordnung gefordert werden. Flankengedämmte Metallzargen umfassen die bodengehenden Öffnungen der inneren Stahlbetonwand und kragen in die historische Position innerhalb der äußeren Ziegelwand aus. Sie bilden, holzbekleidet, begehbare Fensternischen innerhalb der klimatisierten Ausstellungsräume und sichern die hierzu erforderliche hohe Wind- und Dampfdichtheit. Als präzise Einbauzargen tragen sie die mächtigen Kastenfensterkonstruktionen aus Europäischer Eiche und dienten gleichzeitig als millimetergenaue Lehre zur Herstellung der historischen Außenwand. Sie ermöglichten die langen Standzeiten innerhalb des komplexen Bauablaufs und gewährleisten detailgenaue Anschlüsse sowie notwendige Spielräume für temperaturbedingte Bewegungen zwischen Fenster und Ziegelwand.

Mit über 3,5 Millionen Ziegeln sind die rekonstruierten Schlossfassaden als massive und statisch eigenständige Wände ausgeführt, vom Sockel bis zur Balustrade von Maurerhand gefügt. Eingebettet in diese Konstruktion liegen die großen und teils weit ausladenden Sandstein-Werkstücke der Steinmetz*innen und Bildhauer*innen in traditioneller Versetz- und Verankerungstechnik. Die Außenwand bildet in ihrer Erscheinung den historisch unregelmäßigen, durch eine hervorragende Quellenlage dokumentierten Fugenschnitt und die tradierten Handwerkstechniken ihrer Entstehungszeit ab. Der mineralische Außenputz mit einer Stärke von 26 Millimetern wurde ebenfalls handwerklich verarbeitet, mit Lattenumschlag erstellt und mit dem Holzbrett abgerieben. Er ist mit einer mehrlagigen Silikat-Lasur in Hellocker versehen. In Entsprechung zum historischen Zustand bilden die Außenwände große, dehnfugenfreie Fassadenabschnitte von 30 Metern Höhe und über 50 Metern Länge. Temperaturbedingte Bewegungen und

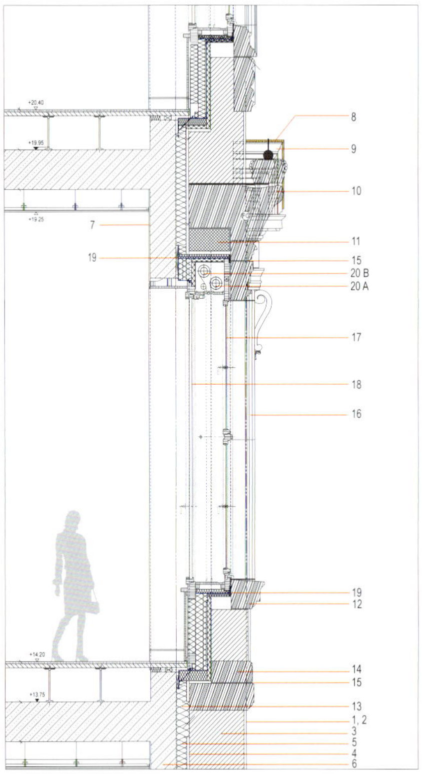

Wandaufbau der Schlossfassaden

1 Lasur Silikatfarbe, Farbton: hellocker
2 Mineralischer Außenputz, abgerieben, 26 mm
3 Ziegelmauerwerk bzw. Sandstein-Werkstücke, 650 mm
4 Stehende Luftschicht, 30 mm
5 Mineralische Dämmung, 120 mm
6 Stahlbetonwand, 300–500 mm
7 Innenputz Gips, 15 mm
8 Blechabdeckung, Kupfer
9 Fensterverdachung, Sandstein
10 Kartusche, Sandstein
11 Fenstersturz, Fertigteil Stahlbeton, 500 mm
12 Fenstergesims, Sandstein
13 Brandriegel, Mineralwolle, 150 mm
14 Stockwerksgesims, zweiteilig
15 Horizontalfuge mit weichem Mörtel
16 Fenstergewände, Sandstein

Fenster der Schlossfassaden

Kastenfenster aus Eiche, bestehend aus:
17 Außenfenster historisch, Sprossenteilung: 19. Jahrhundert, Einfachverglasung, teilweise als Grauglas
18 Innenfenster modern, Sprossenteilung: keine, Wärmeschutz-/Sicherheitsverglasung, Fugendichtheitsklasse IV, Brüstungsbereich, mineralische Dämmung
Farbton der Rahmen: abgetöntes Weiß
19 Stahleinbauzarge, feuerverzinkt, mit aufkaschierter Dämmung, Farbton der Fensterrahmen: abgetöntes Weiß
20 Sonnenschutzbehänge, motorisch verfahrbar
A Textilbehang, transparent
B Textilbehang, transluzent

Wandaufbau sowie Fenster der Schlossfassaden

Passage mit Blick auf die Hofseite von Portal 4: Rendering (oben links), Baustellenaufnahme (oben rechts), fertige Fassade des ersten, zweiten und des Mezzaningeschosses (unten)

Hofseite des Eosanderportals: Rendering

Hofseite des Eosanderportals: Baustellenaufnahme

Die Portale treten gegenüber den Fassaden deutlich hervor. Als Eingänge oder Stadttore zu den inneren Schlossplätzen sind sie reich verziert. Sie wurden in ihrer jeweiligen Ausprägung als Stadt-, Garten- oder Hofportal und ihrer ursprünglichen architektonischen Gliederung in Form und Material, Stein für Stein, originalgetreu errichtet. Dazu gehören Pfeilervorlagen mit Bogenstellungen, die Balkone tragenden Hermen oder auch von großen Sandsteinfiguren bekrönte Kolossalsäulen.

Die rekonstruierten Außenfassaden besitzen, um sie originalgetreu nachbilden zu können, bewusst keine tragende Funktion für das innere Gebäude. Sowohl die Dachkonstruktionen als auch die weitspannenden Geschossdecken ruhen auf der inneren Stahlbetonwand. Denn die Anforderungen an Tragvermögen und Brandschutz und die energietechnischen Vorgaben eines modernen Museums überschreiten die Möglichkeiten historischer Holzbalkendecken, wie sie einst im Berliner Schloss existierten, bei Weitem. Das innere Tragwerk wurde aus öffentlichen Mitteln finanziert, die rekonstruierte Außenwand hingegen aus privaten Spenden. Mit der baulichen Trennung der Fassaden von der übrigen Konstruktion war es möglich, den Rohbau zügig errichten und abdichten zu lassen und den Innenausbau des Museums voranzutreiben, unabhängig von den über eine lange Zeit hinweg handwerklich hergestellten Schlossfassaden.

Das nun sichtbare Gebäude führt eindrücklich vor Augen: Weder der Einsatz neuer Baumaterialien innerhalb des beschriebenen Wandsystems noch der Verlust der tragenden Funktion mindert die Glaubwürdigkeit der rekonstruierten barocken Fassaden. Auch die Annahme, dass die materielle Homogenität einer Außenwand in ihrer vollen, auch unsichtbaren Tiefe eine unabdingbare Voraussetzung für eine konstruktive Wahrheit sei, wird von zahlreichen Beispielen der Architekturgeschichte jeder Bauepoche widerlegt. Wahrscheinlich ist eine in jüngerer Zeit erbaute selbsttragende Mauerwerksfassade dieser Dimension beziehungsweise eine 30 Meter hohe Ziegelwand in ganz Europa kaum zu finden.

Die Rekonstruktion der Schlossfassaden umfasst über dreißig Türanlagen und mehr als 500 Fenster von außergewöhnlichen Abmessungen. In die Kastendoppelfenster sind je zwei transparente Textilbehänge mit unterschiedlichen Verschattungsdichten integriert, die eine große Varianz an Tageslichtszenarien für die Ausstellungen erlauben. Sprossenbild, Profilierung und Farbton der Fenster beziehen sich auf die Zeit um 1850, in der der Sandstein des Schlosses nicht mehr farblich gefasst war und in der das Schloss mit der Kuppel Friedrich August Stülers seine vollkommene Gestalt erhielt.

Spannungen innerhalb der gewaltigen Abmessungen werden über ein System unterschiedlich weicher Mörtelfugen, durch in die Wand integrierte vertikale Zuganker, horizontale Bewehrungslagen sowie durch ein unterhalb des Geländeniveaus angeordnetes Gleitlager abgebaut. Die Maßnahmen begrenzen das Risiko sichtbarer Rissbildungen im Außenputz.

Franco Stella ist der Architekt des wieder errichteten Berliner Schlosses als Humboldt Forum.
Peter Westermann ist im Büro »Franco Stella Humboldt Forum Projektgemeinschaft« der verantwortliche Projektleiter für die historischen und die neuen Fassaden.

Hofseite des Eosanderportals: fertiges Foyer mit Triumphbogen →

SHOP
SCHLOSSKELLER
PALACE CELLAR
SAAL 1 / SAAL 2

Oben / unten: Rohbaustadien der Kuppel

Kuppel nach der Vollendung →

GOTTES DES VATERS DASS IN DEM NAMEN

Blick auf Lustgarten- und Westfassade des Schlosses, von der Dachterrasse der Bertelsmann-Repräsentanz Unter den Linden 1 aus gesehen, im Hintergrund Marienkirche, Fernsehturm und Rotes Rathaus

ARBEIT AM SANDSTEIN

In dem Steinmetz- und Steinbildhauerbetrieb von Sven Schubert in der Nähe von Dresden kommen schwere Steinsägen ebenso zum Einsatz wie modernste computergesteuerte Fräsmaschinen. Mit ihnen lässt sich die Oberfläche des Schmuckelements oder der Figur bis auf eine Deckschicht von etwa einem Zentimeter aus dem Sandstein fräsen. Diese letzte Schicht wird anschließend von Hand mit Knüppel und Bildhauereisen abgearbeitet. Als elektronische Vorlage für die Arbeit der Fräsmaschine dient der dreidimensionale Scan, abgenommen von dem 1:1-Gipsmodell der Bildhauer*innen oder, wie bei den Hermenpilastern des noch bestehenden historischen Außenportals 4 im ehemaligen Staatsratsgebäude, berührungslos abgescannt. In Schuberts Betrieb entstanden zahlreiche Bildhauerwerke, unter anderem die große Eckkartusche der Lustgartenfassade und die beiden Portalbekrönungen der Innenportale 2 und 4 nach 1:1-Modellen von Berliner Bildhauer*innen.

Die Arbeit an der Rekonstruktion der Sandsteinschmuckelemente der Berliner Schlossfassaden verbindet insofern modernste Computer- und Robotertechnik mit jahrhundertealten Handwerkstechniken wie dem Punktierverfahren. Dabei werden mit einfachsten Mitteln nacheinander bestimmte, dreidimensional festgelegte Punkte vom Gipsmodell auf den Sandsteinblock übertragen, wodurch nach und nach die Kopie in Sandstein entsteht. Im Bild oben sieht man eine Genie mit noch fehlender Fanfare vom Hofportal 4 an der Passage. Unten liegen die großen Sandsteinblöcke im Freien und warten auf ihre Weiterverarbeitung.

1

2

1 Rohe Steinblöcke vor ihrer Verarbeitung.
2 + 3 Die Steinblöcke werden in der riesigen Steinsäge zurechtgeschnitten.
4 + 5 Mit dem Punktiergerät, einer mechanischen Konstruktion aus Messingstangen, -gelenken und einer Nadel, die an einem hölzernen Kreuz befestigt ist, übernimmt der Bildhauer die Position beispielsweise einer Zehenspitze vom Modell zur Ausführung in Stein.
6 Unterstützt von Pressluft wird die gefräste Oberfläche händisch überarbeitet und ausgeführt.
7 Die vorgefrästen Schmuckelemente zeigen noch ihre maschinellen Fertigungsspuren auf den Steinoberflächen, die nun von Hand sorgsam bearbeitet werden.
8 Fertige Teilstücke der mächtigen Hermenpilaster von Portal 4.
9 + 10 Vorarbeiten mit der Steinfräse am unteren Schaft eines der Hermenpilaster.

3

4

5

6

7

8

9

10

Lustgartenfassade mit Portal 5 (links) und Portal 4 (rechts)

Kathrin Lange und Bertold Just*

RESTAURIEREN – REKONSTRUIEREN – KOPIEREN

ZUR WIEDERHERSTELLUNG DES SKULPTURALEN FASSADENSCHMUCKS

Mit dem Alten Museum im Rücken schaut der*die vom Lustgarten kommende Betrachter*in auf eine rekonstruierte Barockfassade mit zwei großen Portalen. Der Schmuck aus Skulpturen und bildhauerisch gestalteten Architekturelementen ist hier besonders reich. Aus der Architektur wachsen kraftvolle Hermen heraus, die Balkone werden von Frühling und Sommer am linken, östlichen sowie Herbst und Winter am rechten, westlichen Portal getragen. Zwischen ihnen ist eine von Adlern flankierte Kartusche mit den Initialen F(ridericus) R(ex) platziert. Im letzten Obergeschoss erheben sich über dem Rundbogen jeweils zwei Genien. Ihre goldenen Fanfaren blasend halten sie die vier Meter hohen Wappenkartuschen mit aufgesetzter Königskrone. Im Erdgeschoss des östlichen Portals nehmen die allegorischen Reliefs der Stärke und der Gerechtigkeit Bezug auf das Staatswesen. Blütenfestons, Lorbeergebinde und Kapitelle vervollständigen die Bauzier.

Mit Blick auf ihre Rekonstruktion vereinen die Portale eindrücklich die Vielfalt der Möglichkeiten und die unterschiedlichen Herangehensweisen an eine Fassadenrekonstruktion. Gerettete Architekturelemente der historischen Fassade wurden restauriert und möglichst authentisch eingesetzt. Zu ihnen gehören die Hermen Frühling und Sommer am Portal 5, die größtenteils im Original erhalten sind. Bewahrt ist auch das originale Portal 4 mit Herbst und Winter. Allerdings ist es seit 1962 fest in das seinerzeit neu erbaute Staatsratsgebäude der DDR integriert. Für die Fassadenrekonstruktion wurden beide Skulpturen gescannt, ausgeplottet, überarbeitet und in Sandstein kopiert. Die beiden bereits erwähnten wertvollen Reliefs der Allegorien (um 1704) von Andreas Schlüter sind heute im Bode-Museum ausgestellt. In Anbetracht ihres kunsthistorischen Wertes sowie des Zustands der Oberflächen und der

Atlantenhermen und Wappenkartuschen an Portal 5

Steinsubstanz fiel die Entscheidung gegen einen Wiedereinbau, denn das Risiko der fortschreitenden Verwitterung im Freien wurde als zu hoch eingestuft. Beide Reliefs konnten jedoch direkt abgeformt und kopiert werden. Für alle anderen bildhauerisch gestalteten Fassadenelemente entstanden Gipsmodelle auf der Grundlage erhaltener Fragmente, historischer Fotos und barocker Gestaltungsprinzipien. Die Modelle wurden dann in Sandstein ausgeführt.

Am Beispiel der Bauzier an den beiden zum Lustgarten hin gelegenen Portalen soll skizziert werden, worin Aufgaben, Vorgehen und Herausforderungen bei der Herstellung des skulpturalen Schmucks lagen.

DIE RESTAURIERUNG DER ORIGINALE

»Die erhaltenen Fragmente und Bodenfunde sowie wesentliche Teile des Schlossbaus sollen im Humboldtforum wiederverwendet werden, sei es durch Wiedereinbau am ›historischen Ort‹, sei es in einer musealen Präsentation oder sachgerechten Lagerung« (Zehn Thesen der Villa Vigoni 2011, S. 11). Mit dieser Maßgabe unterstützten die Teilnehmer*innen einer internationalen Fachtagung in der Villa Vigoni am Comer See die Bemühungen, möglichst jedem Hinweis auf den Verbleib originaler Fragmente nachzugehen, diese zu sammeln und auf ihre Wiederverwendung hin zu überprüfen. Weitere Festlegungen einer eigens für die Rekonstruktion der Fassaden im Jahr 2010 durch den Vorstand des Humboldt Forums berufenen Expertenkommission differenzierten die Auswahl – so sollten die zu verbauenden originalen Teile eine minimale Größe von sechzig Zentimetern aufweisen, ihr Erhaltungszustand den Einbau im Außenraum erlauben, weiterhin sollten sie an der ursprünglichen Stelle oder vergleichbarer Position angebracht werden und für die Betrachtung gut wahrnehmbar sein. Am Portal 5 fanden vierzehn erhaltene Fragmente ihren Platz in der neuen Fassade, dazu die Hermen Frühling mit acht und Sommer mit sechs originalen Teilstücken.

Beide Portalhermen waren vor der Sprengung des Berliner Schlosses 1950 geborgen worden und überdauerten die Zeit an verschiedenen Lagerungsorten in Berlin: in Heinersdorf, Ahrensfelde, Buch und Friedrichsfelde. 2011 konnten endlich die erhaltenen Teilstücke in die Schlossbauhütte in Berlin-Spandau transportiert und erneut zusammengebracht werden. Mit ihrer kraftvollen, dynamisch bewegten Haltung überzeugten sie als eindrucksvolle Beispiele der barocken Bildhauerei. Voruntersuchungen zum Erhaltungszustand lieferten Aussagen zur Gesteinsfestigkeit sowie zur Oberflächenbeschaffenheit und führten zu der Entscheidung, die Hermen in die neue Fassade wieder einzubauen. In enger Abstimmung mit Norbert Heuler als Vertreter des Landesdenkmalamtes

Einbau der originalen Herme des Frühlings an Portal 5, davor Ziegel der Fassadenwand

Die originale Herme des Sommers nach dem Einbau

legte die Expertenkommission wesentliche Kriterien für den Umgang mit allen originalen Objekten fest. Man einigte sich auf die Kernpunkte, die Kriegs- und Kriegsfolgeschäden sichtbar zu erhalten, das Fragment als Bestandteil der Fassade zu integrieren, mit seiner Versehrtheit jedoch auf den Totalverlust des historischen Gebäudes zu verweisen. Restaurator*innen, die auf barocke Sandsteinskulpturen spezialisiert sind, setzten die konservatorischen und restauratorischen Maßnahmen

Kopien der museal aufbewahrten Lünettenreliefs bei der Montage an Portal 5

Details der Allegorien der Gerechtigkeit und Stärke in den Lünettenreliefs

DAS HERMENPORTAL 4

1 Die originalen Hermen des Herbstes und des Winters sind im ehemaligen Staatsratsgebäude der DDR verbaut. Sie wurden für die Fassadenrekonstruktion gescannt und in Sandstein kopiert.

2 + 3 Nach den gescannten Modellen übertragen die Bildhauer die Formen, Details und Oberflächenstrukturen in den Sandstein.

4 + 5 Die Mitglieder der Expertenkommission begleiten den Prozess und geben Hinweise zu Details der Ausführung. Erst wenn, wie hier, die Herme des Herbstes ein verschmitztes Lächeln erhalten hat, das dem Original vergleichbar ist, erteilen sie die Freigabe zum Einbau der Blöcke in die Fassade.

6–8 Mit leistungsstarken Kränen und Hebezeugen werden die zum Transport auf Lastengestellen gesicherten Blöcke zum Portal zusammengesetzt.

9 Das Portal mit den kopierten Hermen.

1

2

3

4

5

6

7

8

9

Preußisches Wappen mit Adler und den Genien Fama und Pax an Portal 5

um. Sie reinigten die Oberflächen mit Mikrodampf- und Mikropartikelstrahlverfahren, nahmen durch Verschmutzung verursachte schwarze Krusten ab und reduzierten mithilfe von Kompressen schädigende Salze. Morbide Gesteinsstrukturen wurden gefestigt, rostende Altanker und Armierungen vorsichtig ausgebaut oder konserviert. Weitgehend intakte Ergänzungen der Skulpturen aus der Zeit nach ihrer Entstehung sollten als Geschichtszeugnisse belassen und restauriert werden. Jede Herme war ursprünglich aus sieben Blöcken zusammengesetzt, wovon jeweils fünf erhalten sind. Für die fehlenden Blöcke, je einer im mittleren Bereich und der untere Abschluss, entstanden Ergänzungen in Sandstein. Die verlorenen Arme wie auch zahlreiche andere Beschädigungen blieben von wiederherstellenden Maßnahmen unberührt.

DIE REKONSTRUKTION DER BAUSKULPTUR

Der größte Teil des originalen bildhauerischen Fassadenschmucks des Berliner Schlosses war vollständig verloren. Wo lagen die besonderen Herausforderungen bei seiner Rekonstruktion? Waren es die Vielfalt, die Menge und die Größe der bildhauerischen Elemente? Oder die hohen Anforderungen an die Qualität, an Material, technische Umsetzung und Vergabeverfahren? Letztendlich ergab sich die Besonderheit der Aufgabe aus ihrer Komplexität, galt es doch, sich mit dem historischen Gebäude in all seinen Facetten und seiner Ästhetik und zugleich mit der Bauweise des beginnenden 21. Jahrhunderts, mit entsprechenden Gesetzen, Regelwerken und technischen Erfordernissen auseinanderzusetzen.

Kopie und Rekonstruktion verlangen »den größten Anspruch in der Auseinandersetzung mit dem originalen Gedanken und in der handwerklichen Umsetzung [...]. Es ist eine demütige Haltung, eine Unterwerfung unter den ursprünglichen Gedanken des Künstlers, des Gestalters, der Idee und ihrer Ausformung« (Alter Glanz in neuer Umgebung 2014, Band 2, S. 148). Mit diesem Credo schufen die Bildhauer*innen über 300 individuell gestaltete Modelle als Vorlagen für die Ausführung in Sandstein. Das war notwendig, um die historisch belegte Vielfalt bildhauerisch gestalteter Fassadenelemente annähernd zu erreichen. Jedes einzelne Element erhielt mit gleicher Sorgfalt seine detaillierte Gestaltung, ob die Schleuderrosetten in den obersten Portalbögen der Lustgartenseite, die Kapitelle in den Geschossen darunter oder der Skulpturenschmuck neben den Fenstern.

Für die beiden Genien Fama und Pax mit dem Wappenschild über dem Rundbogen an Portal 5 waren 2011 die Vorbereitungen für eine Rekonstruktion abgeschlossen. Ihre Maße mit einer Gesamthöhe von 5,30 Metern und einer Gesamtbreite von 5,60 Metern ließen sich aus den Proportionen der Architektur ableiten. Eine sorgfältige Recherche brachte zudem

Fotomaterial von 1876 bis 1950 zum Vorschein. Darunter befinden sich Bilder, die vor der Sprengung von einem Gerüst in unmittelbarer Nähe zu den Skulpturen aufgenommen worden waren. Sie zeigen eindrückliche Details beispielsweise der bewegten Gewänder und der Anordnung der Federn an den Flügeln. Der wohl wichtigste Fund waren die beiden originalen Köpfe der Genien. Sie konnten abgeformt und als Gipsabgüsse in das 1:1-Gipsmodell integriert werden. Bei derart komplexen Darstellungen erarbeitet sich der*die Bildhauer*in die Gesamtkomposition zunächst in einem verkleinerten Tonmodell (Bozzetto) im Maßstab 1:6. Beide Genien und die Wappenkartusche erhielten ihre räumliche Anordnung mit den Anschlüssen an die umrahmenden Architekturelemente. In der körperlichen Bewegtheit der Genien begrüßt Fama (der Ruf) mit der Fanfare den Ankommenden, während Pax (der Friede) mit dem Palmenzweig auf den preußischen Adler und damit den Ort verweist. Im Bozzetto erfolgt die erste modellierende Auseinandersetzung mit Inhalt, Gestalt und Anordnung des Dargestellten. Anschließend entsteht das bereits erwähnte Modell im Maßstab 1:1. Eine Unterkonstruktion aus Stahl stabilisierte sowohl den in Holz und Gips gebauten Fassadenbereich als auch den in Modellierton entwickelten, raumgreifenden Skulpturenschmuck. Immer wieder kontrolliert der*die Bildhauer*in das Werk im Vergleich mit den historischen Fotos. Für den prüfenden Blick aus der Distanz und die Ansicht von unten ist es nötig, unzählige Male vom Gerüst herunter und wieder hinauf zu steigen. Weitere originale Fragmente anderer Skulpturen des Schlosses dienten als Vergleichsbeispiele für Detailfragen, so etwa ein weiblicher Torso oder ein Teil eines Adlerflügels. Bis zur abschließenden Freigabe nahm die Expertenkommission die Modellarbeit mehrmals in Augenschein, um dabei gemeinsam zu diskutieren, abzuwägen und zu entscheiden. Erst dann legte der*die Bildhauer*in zusammen mit dem*der Steintechniker*in die Blockfugen und -maße für den künftigen Einbau in die Fassade fest. Derart große Bildwerke werden prinzipiell aus mehreren Teilstücken zusammengesetzt, um die Gewichte und Dimensionen der Sandsteinblöcke in einem handhabbaren Maß zu halten. Letztlich ersetzten stabile Gipsabgüsse das weiche Tonmodell in den entsprechend festgelegten Blockmaßen, sodass sechzehn eigenständige Teilstücke als Vorlagen für die 1:1-Umsetzung in Stein entstanden.

Nach diesen Modellen arbeitete eine Fräsmaschine in moderner Steintechnik die Bildwerke mit einem Übermaß von etwa 0,5 bis 1,5 Zentimetern aus den Sandsteinblöcken heraus, ehe der*die Steinbildhauer*in mittels Punktierverfahren – einem Kopierverfahren, bei dem einzelne Punkte vom Gipsmodell beispielsweise auf dem Fingerknöchel der Hand in den Sandsteinblock eingemessen und mit dem Steinbildhauerwerkzeug gesetzt werden – die bildnerischen Oberflächen in allen Details ausführte. Auch der*die kopierende Steinbildhauer*in setzt sich intensiv mit der Formensprache auseinander und muss wissen, wie barocke Hände und Gewandfalten, wie weibliche barocke Figuren zu gestalten sind. Die vorherigen Gipsmodelle waren in lockerer, modellierender Art und Weise entstanden und ließen Spielraum für Interpretationen. Im Sandstein entstehen mit dem Bildhauereisen neue Kanten und Schärfen, ergeben sich andere Oberflächenstrukturen. Hier war fundiertes Wissen über die barocke Arbeitsweise in Sandstein gefragt, um letztendlich die bereits bei den Hermen erwähnte Dynamik und Kraft tatsächlich zu erreichen.

Nach der Fertigstellung transportierten Schwerlaster die Genien zum entstehenden Schlossgebäude, wo ein Team aus Expert*innen für Steinmetz-, Steintechnik und Bildhauerarbeiten sowie Kranfahrer*innen die tonnenschweren Teilstücke millimetergenau in die Fassade einpasste. Der Mittelteil des Wappenschildes beispielsweise wiegt etwa zehn Tonnen und der Block mit dem Oberkörper der rechten Genie ungefähr sechs Tonnen. Ständig drohte die Gefahr, dass Kanten ausplatzen oder filigrane Stellen anschlagen und abbrechen. Den Abschluss bildeten die Fanfare und der Palmenzweig. In Kupferblech getrieben und vergoldet wurden diese Attribute in die Hände der Genien eingefädelt.

Wie soll eine rekonstruierte Fassade wirken? Selbstverständlich wie die originale Fassade. Sie soll an ihrem Standort mit ihrem Erscheinungsbild und ihrer Ausstrahlung zur Betrachtung anregen. Sie möchte dazu einladen, die Vielfalt der Formen und bildnerischen Darstellungen mit Freude zu entdecken. Und sie sollte möglichst originale Elemente enthalten, die, »Stolpersteinen« gleich, an die Geschichte des Ortes erinnern.

** Bertold Just verstarb im November 2018. Dieser Aufsatz war inhaltlich mit ihm abgesprochen und ist ihm gewidmet.*

Kathrin Lange leitet die Abteilung Restaurierung der Stiftung Preußische Schlösser und Gärten Berlin-Brandenburg.
Bertold Just war bis November 2018 Leiter der Schlossbauhütte und als Mitglied der Expertenkommission an der Rekonstruktion der Fassade maßgeblich beteiligt.

Zitierte Literatur
»Alter Glanz in neuer Umgebung«, in: *Von der Vision zur Wirklichkeit. Der neue Landtag in Potsdams Mitte*, herausgegeben vom Ministerium der Finanzen des Landes Brandenburg, Potsdam 2014
»Zehn Thesen der Villa Vigoni«, in: *Stiftung Berliner Schloss – Humboldtforum: Rekonstruktion am Beispiel Berliner Schloss aus kunsthistorischer Sicht. Ergebnisse der Fachtagung im April 2010, Essays und Thesen* (Villa Vigoni im Gespräch, Band 2), herausgegeben von Manfred Rettig, Stuttgart 2011

Oben: Die Herme des Herbstes nach der Bearbeitung durch die Steinfräse, vor der händischen Bildhauerei, im Hintergrund das Modell nach dem Scan der Originalherme

Unten: Originale Skulpturen vor der Restaurierung in der Schlossbauhütte, im Hintergrund eine rekonstruierte Wappenkartusche mit Genien als Gipsmodell für die Ausführung in Sandstein

BERLINER SCHLOSSBAUHÜTTE

Die Berliner Schlossbauhütte wurde 2011 von der Stiftung Berliner Schloss – Humboldt Forum in einer ehemaligen Kfz-Reparaturwerkstatt der Alliierten in Spandau eingerichtet. Auf etwa 2.400 Quadratmetern bietet die Halle mit ihren Oberlichtern und einem Portalkran mit bis zu fünf Tonnen Traggewicht allen beteiligten Gewerken – für Bildhauer- und Steinmetzarbeiten ebenso wie für die Gipsformerei und Steinrestaurierung – ideale Arbeits- und Atelierflächen. Durch den künstlerischen und handwerklichen Austausch unter der fachkundigen Leitung des im Jahr 2018 viel zu früh verstorbenen Bertold Just entstand ein lebendiges Kompetenzzentrum für die Rekonstruktion des barocken Fassadenschmucks. Zeitweise haben hier bis zu 24 Modell- und Steinbildhauer*innen, Kunststuckateur*innen und Restaurator*innen gearbeitet.

Dabei folgt die Idee der Bauhütte einem jahrhundertealten Vorbild. So besteht zum Beispiel die Kölner Dombauhütte seit dem 13. Jahrhundert. Denn die Bildwerke besonders aus weichem Sandstein an den Domfassaden bedürfen einer laufenden Restaurierung und Erneuerung aufgrund der Schäden durch äußerliche Bewitterung und natürliche Alterung. In der Berliner Schlossbauhütte stehen als nächste große Aufgabe noch die Balustradenfiguren für die Außenfassaden und Portale auf dem Programm, bis dann später – hoffentlich noch nicht allzu bald – die Restaurierung wegen Abnutzungen und Schäden hinzukommt. Im Bild oben gut zu erkennen: der mächtige Steinblock mit der auskragenden Putte. Eingebaut in die Außenwand wird er kaum noch zu ahnen sein. Unten stehen links im Bild abgedeckt die originalen Portalfiguren vom Schlüterhof, die in der Schlossbauhütte sorgfältig restauriert wurden.

1

2

1 Gipsabguss einer weiblichen Gewandfigur für das Hofportal 1, deren Original im Skulpturensaal des Schlosses ausgestellt ist.

2 Arbeiten am 1:1-Modell für das Hofportal 2 in der Passage: Im Vordergrund stehen die originalen Säulenkapitelle, die nach der Schlosssprengung 1950 im Park des Märkischen Museums und vor der Ruine der Klosterkirche abgelegt waren.

3 Der Bozzetto aus Ton für die Kolossalfigur des Glaubens, die später am Hofportal 3 aufgestellt wird. Im Hintergrund sieht man eine historische Fotografie der Originalskulptur.

4 Das Gipsmodell und die Sandsteinausführung der Figur der Liebe, die neben drei weiteren Skulpturen für das Hofportal 3 gedacht ist.

5–9 Der*die Steinbildhauer*in setzt am Gipsmodell mit dem Punktiergerät einen Punkt, den er oder sie dann mit dem Gerät in den Sandstein einarbeitet. In den Bildhauerschauern der Schlossbauhütte entstehen nach den Gipsmodellen die Sandsteinskulpturen. Um die Blöcke noch bewegen zu können, verlaufen Fugen durch die Bildelemente. So entstehen zunächst einzelne Flügel, Beine, Oberkörper und Gewänder, die erst an der Fassade zu einer Figur zusammenkommen.

3

4

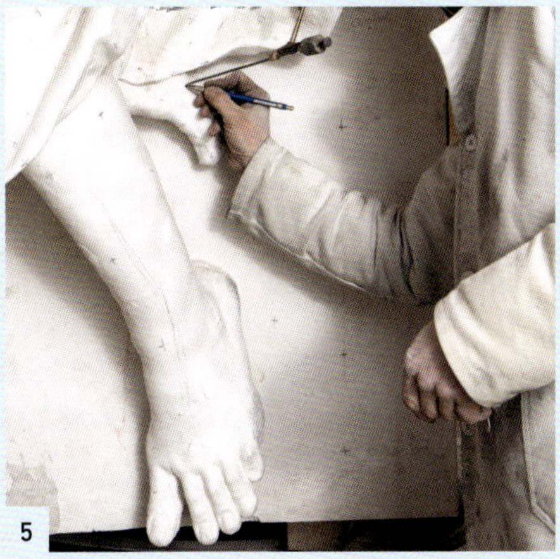
5

6

7

8

9

← Gipsabguss des Apoll vom Tonmodell für das Portal 6 im Schlüterhof

Oben: Blick in die große Halle der Schlossbauhütte mit originalen Portalskulpturen und der Rückenansicht einer Rekonstruktion
Unten: Lagerregal mit Originalen und Modellen, davor die durch Folien geschützten Originalfiguren des Schlüterhofs

Schlossbaustelle, von Westen gen Osten blickend, links der Berliner Dom

←← Details des Skulpturenschmucks am Eosanderportal

Wiedererrichtung des Eosanderportals →
In der Bauphase auf dem Dach des Schlosses, Blick Richtung Osten mit Marienkirche, Fernsehturm, Rotem Rathaus, Nikolaikirche und Altem Stadthaus (von links nach rechts) →→
Wiedererstehung von Lustgarten- und Westfassade →→→

IST AUCH KEIN ANDERER NAME DEN MENSCHEN GEGEBEN
ALBERT WOLFF. 1853

MEYER
ERDBAU

park inn

POTAIN

IMPRESSUM

Herausgegeben von der Stiftung Humboldt Forum im Berliner Schloss

Fotografien
Leo Seidel
Autor*innen: Hans-Dieter Hegner, Kathrin Lange, Bernd Wolfgang Lindemann, Franco Stella, Peter Stephan, Peter Westermann, Bernhard Wolter
Texte auf den Seiten 30/31, 76–78, 116/117, 132/133, 138, 142/143: Bernhard Wolter mit Kathrin Lange

Projektleitung und Bildkonzept
Kerstin Ludolph
Projektmanagement Humboldt Forum
Susanne Müller-Wolff, Bernhard Wolter
Bildredaktion Humboldt Forum
Barbara Martinkat
Projektmanagement Hirmer
Karen Angne
Lektorat
Almut Otto, Berlin
Gestaltung, Satz und Herstellung
Sabine Frohmader, Katja Durchholz
Lithografie
REPROMAYER Medienproduktion GmbH, Reutlingen
Papier
Profisilk, 150 g/m²
Schrift
Din Next LT, TSTAR, Vendetta
Druck und Bindung
Eberl & Kœsel GmbH & Co. KG, Altusried-Krugzell

Printed in Germany

Bibliografische Information der Deutschen Nationalbibliothek
Die Deutsche Nationalbibliothek verzeichnet diese Publikation in der Deutschen Nationalbibliografie; detaillierte bibliografische Daten sind im Internet über http://www.dnb.de abrufbar.

1. Auflage 2021

ISBN 978-3-7774-3762-0

www.humboldtforum.org
www.hirmerverlag.de

Cover vorne:
Blick aus dem ehemaligen Staatsratsgebäude der DDR in Richtung Eosanderportal
Cover hinten:
Eine weibliche Gewandfigur und Merkur am Portal 6 im Schlüterhof

BILDLEGENDEN DER EINGANGSSEITEN

Vor- und Nachsatz: Diverse Aufnahmen von Leo Seidel aus dem Entstehungsprozess der Fassadenrekonstruktion
S. 1: Blick aus dem ehemaligen Staatsratsgebäude der DDR auf die Südfassade, rechts der Fernsehturm auf dem Alexanderplatz
S. 2/3: Detail der westlichen Ecke der Südfassade, dahinter die Friedrichswerdersche Kirche
S. 4/5: Südfassade, von der Rathausbrücke aus gesehen
S. 6/7: Die moderne Ostfassade von Franco Stella
S. 8/9: Moderne Ostfassade und historische Lustgartenfassade mit Liebknechtbrücke
S. 10/11: Detail der Lustgartenfassade mit Portal 5 (links) und Portal 4 (rechts)
S. 12/13: Blick aus der Säulenvorhalle des Alten Museums zur Lustgartenfassade, links der Berliner Dom
S. 14/15: Südlicher Teil der Westfassade mit Blick auf die Turmhelme der Nikolaikirche
S. 16/17: Lustgartenfassade und Westfassade mit dem noch eingerüsteten Eosanderportal, im Vordergrund die Schlossbrücke
S. 18: Blick über Skulpturen der Schlossbrücke zum Eosanderportal der Westfassade, im Hintergrund das ehemalige Staatsratsgebäude der DDR
S. 20: Portal 5 der Lustgartenfassade mit Durchgang zum Schlüterhof
S. 22/23: Schlüterhof mit Blick auf die Hofseite von Portal 5, auf weibliche Gewandfiguren und die Skulpturen Herkules und Merkur

BILDNACHWEIS

Mit Ausnahme der unten angegebenen Abbildungen stammen alle Fotografien von Leo Seidel.
S. 28, 29, 120 oben, 124 unten rechts: Quelle: Franco Stella Architetto
S. 36 oben: © Stiftung Stadtmuseum Berlin, Reproduktion: Oliver Ziebe, Berlin; unten: © Staatliche Museen zu Berlin, Kunstbibliothek, digitale Reproduktion: Dietmar Katz
S. 37 oben: bpk / Staatsbibliothek zu Berlin – Preußischer Kulturbesitz / Ruth Schacht; unten: bpk / Kunstbibliothek, SMB / Dietmar Katz
S. 49 oben links: © Kurt Reutti; oben rechts: © Bildarchiv Foto Marburg / Foto: unbekannt
S. 57 unten: Kulturstiftung des Hauses Hessen, Schloss Friedrichshof, Kronberg i.T.
S. 110/111: © Staatliche Museen zu Berlin, Skulpturensammlung und Museum für Byzantinische Kunst / Stiftung Humboldt Forum im Berliner Schloss (SHF) / Cordia Schlegelmilch
S. 120 Mitte und unten, 121, 122 oben, 124 unten links, Mitte, 125 oben links, 126 oben: SHF / Architekt: Franco Stella mit FS HUF PG
S. 143, Abb. 3: SHF; Abb. 4: SHF / Benjamin Zibner

Moderne Ostfassade von der Liebknechtbrücke aus →

Blick durch das weitgehend original verbaute Portal 4 aus dem ehemaligen Staatsratsgebäude der DDR in Richtung Eosanderportal

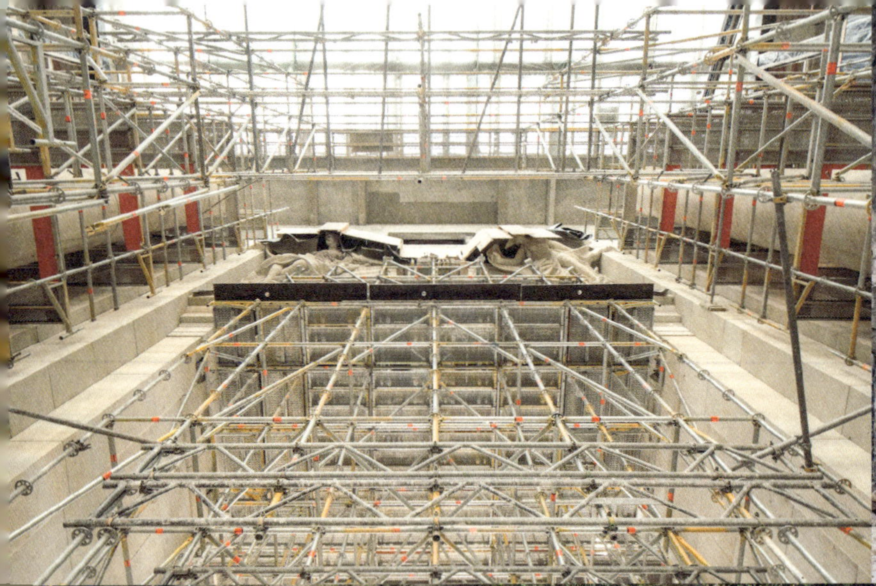